Bruder Klaus von Flüe

Rat aus der Tiefe

Reihe
Klassiker der Meditation

Bruder Klaus von Flüe

Rat aus der Tiefe

Ausgewählt, übersetzt und kommentiert
von Anselm Keel

Benziger Verlag
Zürich und Düsseldorf

Lektorat: Manfred Baumotte

Die Deutsche Bibliothek – CIP-Einheitsaufnahme

Nikolaus <von Flüe>:
Rat aus der Tiefe / Bruder Klaus von Flüe.
Ausgew., übers. und kommentiert von Anselm Keel. –
Zürich; Düsseldorf: Benziger, 1999
(Klassiker der Meditation; 19)
ISBN 3-545-20322-0

Satz: Fotosatz Froitzheim AG, Bonn
Druck und Bindung:
Freiburger Graphische Betriebe, Freiburg i. Br.
ISBN 3-545-20322-0

INHALT

EINLEITUNG

Von Albert Einstein soll der Satz stammen: «Wir leben heute in einer Zeit vollkommener Mittel und verworrener Ziele.» Das ist eine bestürzende Feststellung, der wir kaum zu widersprechen vermögen. Als Christen können wir dagegen auf Gestalten verweisen, die als kritische Mahner zur Korrektur unheilvoller Verschiebungen einladen. Menschen mitten «in dieser Welt, aber nicht von dieser Welt» (Joh 17, 14.18). Sie verfügen zwar nicht über vollkommene Mittel, vermögen aber als Mittler zur Vollkommenheit uns zu bereichern. Sie haben keine verworrenen Ziele und zielen dadurch auf die Entwirrung unserer Bestimmung. Die christliche Lehre steht der genannten Zeiterscheinung radikal entgegen, und ihre in Beispiel und Botschaft führenden Exponenten leben zu allen Zeiten mit kargen Mitteln und eindeutigen Zielen. Die kritische Funktion der Kirche in der Welt zielt geradezu dahin, den Menschen in ihren verworrenen Zielen klare Lebenswerte aufzuzeigen, sie vor Aufgaben zu stellen, die sich nach der Bibel für Zeit und Ewigkeit lohnen. Dies nicht durch aufgebaute Stars und Supermänner, sondern durch unverfälschte Menschen mit echten Gotteserfahrungen.

1. Das Leben

Ein Hervorragender unter ihnen ist Bruder Klaus von Flüe, geboren 1417, Gatte der Dorothea Wyss, Vater von fünf Söhnen und fünf Töchtern, eigenständiger Bauer, Hauptmann in Kriegszeiten, Ratsherr, Landrichter und Tagsatzungsabgeordneter («parlamentarier» der in der alten

Eidgenossenschaft auf bestimmte Tage angesetzten Beratungen, zu denen die Delegierten des Staatenbundes zusammenkamen), Anwärter wider Willen auf das höchste politische Amt des Landammanns. Von seiner Geburt an wie ein Prophet durch Visionen Gottes immer wieder aufgescheucht, wuchs er im ausgehenden Mittelalter in seiner eremitorischen Neigung zur überragenden geistigen «Turmgestalt» heran. Lebensnahe Intelligenz, bodenverhaftete Intuition, frohquellende Spontaneität, verflochten und verwachsen mit schwermütigem Verantwortungsbewußtsein, zeichnen sich schon im jungen Mann ab, der in keiner Aufgabe versagt. Wohlhabend, angesehen und einflußreich, löst sich der Fünfzigjährige nach zweijährigem hartem Ringen von allen irdischen Bindungen. In seiner Not hat er geistliche Freunde aufgesucht, die ihn im Geiste Heinrich Seuses vor allem mit der Passionsmystik vertraut gemacht haben. Am Gallustag (16. 10.) 1467 nimmt er mit weher Zustimmung seiner Frau Dorothea, «die mit vornehmer Bescheidenheit hinter ihrem Gatten zurücktrat, nie vom eitlen Drang erfüllt, sich an seiner Seite zur Geltung zu bringen» (W. Nigg 1962, S. 13), von Familie und Heimat Abschied, um zu den Gottesfreunden ins Elsaß zu gehen.

Damit ist er zum «Bruder Klaus» geworden im wörtlichen Sinn von Markus 3,35: «Siehe, das sind meine Mutter und meine Brüder. Wer den Willen Gottes tut, der ist mir Bruder, Schwester und Mutter.» Daß dieses Brudersein zu einer ganz neuen Entfaltung drängt, läßt sich aus der Verheißung des Herrn ablesen: «Wer sein Leben verliert um meinetwillen und um des Evangeliums willen, der wird es gewinnen» (Mk 8,35). In der Nähe von Basel ruft ihn Gott durch das politische Bedenken eines unbekannten Bauern aus seinem Vorhaben in die Heimat zurück, und unter einer Hecke nächtigend, brennt ihm ein geheimnisvoller Feuerstrahl vom Himmel für immer den erdhaften Menschen aus dem Leib. Er wird an die zwanzig Jahre nur noch aus dem gelegentlichen, später täglichen Empfang der heiligen Eucharistie sein Leben fristen und nie mehr nach der Ehe verlangen. In die Nähe seiner Heimat zurückgekehrt, verbirgt er sich vorerst im Wald, auf der ihm gehörenden Klisterlialp. Entdeckt, reden ihm die Verwandten zu, vernünftig zu werden. «Wenn ich bisher nicht gestorben bin, werde ich auch so nicht sterben!» (WOE). Pfarrer Isner von Kerns, den er ins Vertrauen gezogen hat, gestattet ihm nach Prüfung diese Lebensweise. Er zieht dann in das von Himmelslichtern bezeichnete Tobel neben seinem Wohnhaus, in die von der Melchaa durchzogene Ranftschlucht.

Erst nach Monaten beginnt die Öffentlichkeit seiner Lebensweise zu trauen. Aber nun wird auch von Tag zu Tag offensichtlicher an ihm: «Es ist niemand, der Haus oder Brüder oder Schwestern oder Mutter und Vater und Kinder und Äcker meinetwegen und um des Evangeliums willen verlassen hat, ohne hundertfach zu empfangen jetzt in dieser Zeit Häuser und Brüder und Schwestern und Mütter und Kinder und Äcker – unter Verfolgung – und in der künftigen Welt das ewige Leben» (Mk 10,29). An die zwanzig Jahre bleibt Niklaus in dieser Welt, mit kargen Mitteln, aber eindeutigen Zielen. Seine Schauungen wachsen ins Apokalyptische, bleiben dann und wann auch erquickend persönlich, ja intim.

Was er bisher als hilfreiche Mahnungen intuitiv mitten in prosaischer Alltagsbeschäftigung an Schauungen erlebt hatte, wird ihm zur Illustration, zur bildhaften Quelle, ja zur korrigierenden Normierung seiner tiefer erfaßten neuen Lebenswerte. Etwa die Abkehr der Menschen von der Wahrheit erschüttert ihn zutiefst, bestätigt seinen Büßerstand, nimmt ihn aber auch zur Verbesserung der schlimmen Situation neu und intensiver in Pflicht. Dabei erweisen sich sein religiös-politisches Fingerspitzengefühl, sein diplomatischer Spürsinn und sein nüchternes Kalkül weithorizontig und gotterleuchtet.

Nach einem Jahr haben die Eidgenossen, unter Widerstreben seiner Söhne (WOE), dem Einsiedler auf Staatskosten ein Eremitenhäuschen gebaut. Der Bischof prüft sein spektakuläres Fasten, zu dem er selbst nur nüchtern sagt: «Gott weiß!», gelehrte Theologen untersuchen seine Rechtgläubigkeit bis zum Überdruß des Geprüften, der Pilgerstrom setzt ein, der wie Ebbe und Flut seit 500 Jahren Schwankungen unterworfen ist, doch nie mehr ausgesetzt hat. Die ersten Pilgerberichte erscheinen in Deutschland, der Schweiz und Frankreich. Fremde Höfe senden Gesandte und bitten um Vermittlungsdienste. Niklaus schreibt politische Briefe. Seine Frieden stiftende Wirkung beim drohenden Bruderzwist im sogenannten Stanserverkommnis von 1481 – Vertrag der 8 Alten Orte (Staaten) der Eidgenossenschaft in Stans vom 22. 12. 1481 zur Überwindung der Staatskrise zwischen Städten und Ländern nach den Burgunderkriegen mit Aufnahme der Städte Freiburg und Solothurn in den Bund – verbreitete erst recht den Ruf der Staatsklugheit des Eremiten über die Landesgrenze hinaus. «Man darf die Behauptung aufstellen, daß Bruder Klaus der erste eidgenössische Patriot war, der praktisch und theoretisch den Begriff eines über die kantonalen Interessenkreise hinausgehenden gemeinsamen schweizerischen Vaterlandes uneingeschränkt vertrat» (R. Durrer, Bd. 1, S. XXIX).

In seinem geheimen Innenleben stand besonders zur Zeit seines schmerzlichen Überganges in den neuen Lebensstand die Passionsmystik im Vordergrund: Jenes solidarische «Ich bin mit Christus gekreuzigt ...; soweit ich in dieser Welt lebe, lebe ich im Glauben an den Sohn Gottes, der mich geliebt und sich für mich hingegeben hat» (Gal 2,20).

Später hatte er die Schrecken, aber auch die Wonne einer Gottesvision, die zwar nach seinem eigenen Empfinden «sein Herz in Stücke springen ließ» (WOE), all seine vielfältigen Gotteserfahrungen jedoch wie eine überragende Kuppel in eine überraschende Einheitlichkeit einfing. Dieses Erlebnis steht in geheimer Verbindung mit Entwicklung und Pflege des Meditationsbildes, sowohl im abstrakten Grundriß wie in der Ausfächerung von sieben Medaillons.

Durch Zusprüche und Briefe ist Bruder Klaus zum Ratgeber weiter Kreise geworden, sowohl in geistlichen wie in weltlichen Belangen, in materiellen und geistigen Anliegen. «Der Ruf vom ‹lebenden Heiligen› . . . lockte von fernher aus deutschen und welschen Landen schlichte Pilger und intellektuelle Neugierige nach seiner Einsiedelei. Sie fanden nicht, wie sie sich oft vorstellten und wie es der erste Eindruck des wandelnden Gerippes zu bestätigen schien, eine kalte ‹lebendige Reliquie›, sondern einen warmblütigen Gegenwartsmenschen, der voll Interesse auf die kleinen und großen Anliegen seiner Besucher einging und sie aus der Tiefe seines gesunden, klaren Menschenverstandes zu lösen versuchte» (R. Durrer). Walter Nigg spricht in seinem religiösen Feingefühl von «gotterleuchtetem Naturverstand», was der religiösen Seite von Bruder Klaus gerechter wird. Nicht allzu oft wird in der heutigen Literatur, wie etwa bei Bohnenblust (S. 54), das Zeugnis der Erstquellen wohltuend hervorgehoben, daß Bruder Klaus seinem Jüngsten, den er als Zwölfwöchigen verlassen hat, erfolgreich im Ranft drunten den Hauslehrer machte und sich um seinen Studienplatz in Basel und Paris persönlich mühte, daß er seine Frau Dorothea immer etwa wieder herabkommen ließ, zwar nie mehr mit ihr allein verweilte, ihr aber Vertrauen, Ehre und Dankbarkeit bezeugte (WA, WOE).

1487 stirbt Bruder Klaus nach einwöchigem, sehr schmerzhaftem Leiden am 21. März, (früher) Festtag des Mönchsvaters Benedikt, dessen Söhne das mystisch geweckte Frauenkloster im benachbarten Engelberg leiteten. Von dessen Prior Johannes von Bolsenheim stammt hundert Jahre zuvor (1385) eine Zeichnung mit der Grundkontur der Komposition des späteren Ranftbildes, auf das wir im 6. Kapitel zu sprechen kommen.

2. Zeugnisse

Einige Zeugen sind nach seinem Weggang geblieben: die Kinder, die Wohnstätte, die Klause, also der familiäre Rahmen. Dazu aber noch geistige Ausprägungen und Zeugnisse seines Geistes literarischer und ästhetischer Art: Da ist einmal das genannte *Meditationsbild*, das unangefochten auf seinen Gebrauch zurückgeht. Es ist für das Verständnis seiner Geistigkeit von zentraler Bedeutung, zumal er nichts Selbstgeschriebenes hinterlassen hat, obwohl er nach Forschungen von Werner Durrer zwar lesen und schreiben konnte und sein «Unkundig»-Sein nur auf höhere Bildung zu beziehen sei (zit. in: A. Rosenberg, S. 165). Das Tafelbild, auf das wir eingehend zu sprechen kommen, ist gleichsam das sichtbare Gegenstück zu den vielen urkundlichen Zeugnissen von Zeitgenossen, über die Walter Nigg festhält: Obwohl er nichts Selbstgeschriebenes hinterlassen hat, «verliert sich sein Leben nicht im undurchsichtigen Dämmersein ... Diese Menge aufschlußreicher Überlieferungen erklärt sich wohl daraus, daß das noch glauben wollende Volk nach einem Vorbild suchte, das ihm anschaulich zeigen sollte, wie man ein Leben im Glauben wirklich führt. Allerdings sind diese Überlieferungen oft fragmentarischen Charakters, einmal reißen sie sogar mitten in einem Satz ab. Man hat diese Zeugnisse mehrfach gesammelt ...» (W. Nigg 1962, S. 10).

Zu diesen Zeugnissen gehören die überlieferten Reimsprüche (A. Keel), die Petrus Canisius im folgenden Jahrhundert popularisierte. Sie liegen im Rahmen damals gängiger mystischer Erbauungsliteratur und stimmen im großen und ganzen inhaltlich mit den Motiven des Meditationsbildes überein. Mag in ihnen auch die Kraft und Urwüchsigkeit der auch formal auf Bruder Klaus zurückgehenden Brieftexte und Einzelaussprüche (mit offensichtlichem Sitz im Leben des Eremiten) verspielt erscheinen, inhaltlich sind sie ihm zugehörig: «Es sind Binsenwahrheiten, aber eben als solche Grundbegriffe der Lebensklugheit, denen er durch die Eigenart seiner Persönlichkeit und seines Milieus Wirkung verschaffte, während sonst gerade sie übersehen zu werden pflegen ... Diesen Charakter tragen auch die programmartigen Ermahnungen für Obrigkeit und Staatsbürger am Schluß seines Briefes an Bern» (R. Durrer, S. XXIV). Schon der Biograph Gundelfingen erwähnt sie eigens.

Die *Visionsberichte* sind bei den offiziellen Biographen nur fragmentarisch aufgeführt und erst in unserem Jahrhundert wieder in ältester Fassung entdeckt worden. Sie bieten die arteigensten Aufschlüsse über die Geistigkeit des Eremiten. Wir zählen fünf kleine Visionen (Stern und Fels, Taufvision, Turmvision des Sechzehnjährigen, Sternvision über dem Ranft), drei ausgesprochene Berufungsvisionen (Lilie-Pferd, Wolke, drei Besucher), die Lichtvision bei Liestal mit Schmerzerfahrung im Bauch, die drei großen Visionen (der singende Pilger, Dank für Mitleiden, Brunnenvision) und die unbeschriebene Gottesvision. Von den drei theologisch bedeutendsten großen Visionen sind nicht nur ihre originale Schönheit und Reichhaltigkeit, sondern trotz ihrer Mannigfaltigkeit auch die Einheit der Inspiration festzuhalten. Nach Journet lassen sie sich so zusammenfassen: Gott schenkt uns seine Reichtümer und bittet um unsere Liebe, zu der er uns befähigt. Diese Einheit beinhaltet die große Lehre der Inkarnation und Erlösung, von der Kirche als mystischem Leib Christi, des Königtums der Gottesmutter (Ch. Journet, S. 58).

Aber was soll im 20. Jahrhundert dieses Leben eines Großen, der in einer ganz anderen Welt und Zeit gelebt hat? G. Th. Hegglin, der Neffe von Robert Durrer, dem großartigen Dokumentensammler und genialen Kenner, meint: «Der Zugang ist nicht leicht, besonders für uns Menschen eines zivilisatorisch-technischen und kulturell verflachten Zeitalters» (S. 98). Ein minutiöser Hinweis: In der heutigen technischen Signalsprache, etwa beim Türöffner im Lift oder bei einschlägigen Straßenverkehrszeichen, verläuft die Richtung umgekehrt zum Strahlenverlauf im Gottesbild des Bruders Klaus. Solcher Empfindungswandel berührt aber den Kern der überzeitlichen Aussagen kaum. Hegglin weist nach, wie sehr jede Epoche Bruder Klaus immer wieder neu für sich in Anspruch nahm, ihn aktualisierte: die Reformation mehr politisch-ethisch, die Gegenreformation mehr dogmatisch-asketisch, der Barock heroisierend, die Romantik als Aushänger gegen die Aufklärung, die sachliche Neuzeit zur Erhaltung oder Wiedergewinnung eines «ganzheitlichen» Menschen durch die Integration der verlorenen Mystik und Meditation (S. 65–83). Die theologische Wissenschaftlichkeit kommt in unserem Jahrhundert für die Bruder-Klaus-Literatur im Werk des späteren Kardinals Charles Journet zum Leuchten: «Die bedeutsamsten Ergebnisse der bisherigen Forschung werden treffend und mit tiefem Verständnis, das den bedeutenden Theologen kennzeichnet, zusammengefaßt» (Hegglin, S. 82). Freiburger Dominikanertheologen wie Benoit Lavaud und Heinrich Stirnimann haben auch wertvolle Aktualisierungen besorgt. Von evangelisch-reformierter Seite hat ohne Zweifel Walter Nigg, der Zürcher Kirchenhistoriker und Hagiograph, die religiöse Wirklichkeit Bruder Klausens mit unerhörtem Respekt vor der religiösen Individualität wiederholt am besten zur Darstellung gebracht und auch für heutige Zeitprobleme bei ihm bedenkenlos Ratschlag gefunden. Nach Journet sind für die heutigen Entwicklungen in Theologie und Praxis als theologisch besonders zu bedenken: Bruder Klausens Vorstellungen von der Sündenvergebung im Blut Christi; das allem Tun vorgegebene, vorbereitende Wirken der Gnade; die Unerläßlichkeit des menschlichen Mittuns (Engagement); der jenseitige Konsens jenen gegenüber, die sich mit Jesu Leiden solidarisieren; die Möglichkeit, Christus zu trösten; die ewige Vergeltung, welche alle armseligen menschlichen Anstrengungen krönt, zu denen uns Gott befähigt hat (S. 58).

So gilt es uns als selbstverständlich, daß in der vorliegenden Textsammlung der Bruder-Klaus-Spiritualität auch heutige Problematiken an diesem Lebensstil, an diesen Aussagen gemessen werden. Wenn wir beispielsweise den Satz eines heutigen Autors lesen: «Die Überwindung der psychischen und der sozialen Selbstspaltung des Menschen versucht über die Fähigkeit des Mitfühlens und Mitleidens die Voraussetzung für ein Zusammenleben in Solidarität und Gerechtigkeit» (H. E. Richter, Der Gotteskomplex, Reinbek 1979), dann finden wir im oben zitierten «warmblütigen Gegenwartsmenschen» (Bruder Klaus) einen Lehrmeister für heute, allerdings mit seiner Rückkoppelung an den Gottmenschen, dem sein erstes, innigstes Mitleiden und Mitfühlen gilt.

Uns geht es in diesem Buch darum, eine ausgewogene Quellentextdarstellung zu bieten, in der vor allem die Synthese, die Einheit und der Zusammenklang der verschiedenen Elemente aufgezeigt wird, die in und aus Bruder Klausens Leben sichtbar werden. Nüchtern müssen wir uns dabei vor Augen halten, daß wir äußerst wenige gesicherte Eigenworte von ihm haben; sie finden sich sozusagen unbeeinflußt (von erbaulichen oder apologetischen Tendenzen) nur in seinen wenigen Briefen. Damit befinden wir uns beinahe in der Lage des Lesers des Neuen Testaments. Dieser findet nicht einfach Reportagen vor, sondern bereits in der Gemeinschaft meditierte und überlieferte Texte, in denen nicht immer Jesu exakter Wortlaut zu unterscheiden ist, und doch ist sein Geist unverfälscht erhalten.

So legt es sich nahe, die Geistigkeit und den Stil von Bruder Klaus als Büßer und mystisch-politischem Propheten in sieben Abschnitten darzustellen, die den sieben Medaillons seiner Meditationstafel zugeordnet sind. Bevor wir uns aber ins Detail begeben, müssen wir noch über den ganzheitlichen Hintergrund nachdenken, uns Rechenschaft geben über Büßertum und Mystik, über das Prophetenamt und die Bedeutung der Bildtafel des Bruders Klaus.

3. Büßer

Bruder Klaus ist Büßer. Er hat sich seine Kapelle zu Ehren der heiligen Maria Magdalena weihen lassen, der biblischen Büßerin. Die ersten Biographen reihen ihn unter die Anachoreten ein und sehen in ihm einen Nachahmer der frühchristlichen Wüstenväter (WA, BN, GU, WOE). Daß kirchliche Bußwerke nicht Selbstzweck sind, sondern im Dienst der inneren Umkehr und Neuorientierung auf Gott hin stehen, hat schon Paulus vor Agrippa bezeugt (Apg

26,20). Daß Büßerleben für andere stehen kann, erhellt aus der Tatsache, daß Johannes der Täufer bereits als Kind «in die Wüste geht».

Der Büßergedanke war im Mittelalter durch die Drittordensbewegungen der Mendikanten zu neuem Leben erwacht. Die «Brüder und Schwestern von der Buße», Laien, die unter der Leitung der Franziskaner und Dominikaner, mit anderem Akzent später auch Karmeliten (Kontemplation), der Benediktiner etc. ihr Leben bewußt neu auf Gott ausrichteten, erneuerten in zeitgemäßer Form, was die altchristliche Bußpraxis in den abgestuften Gruppen büßender öffentlicher Sünder zeichenhaft aufgerichtet hatte. Gestalten wie Elisabeth von Thüringen, König Ludwig von Frankreich, Katharina von Siena verschafften ihnen ein hohes geistiges Ansehen. Aber sie lebten meist in Gruppen oder Gemeinden und führten ihr Leben in der Welt mit Beruf und Familie weitgehend weiter. Die Einsiedler hingegen stiegen aus ihrem Alltag aus. Klausens Onkel mütterlicherseits, Bruder Mathias Hattinger, hatte im nahen Ort Wolfenschießen so gelebt. Diese Jugenderinnerung mag für Niklaus – auch für seine Rückkehr in die Heimat – wegleitend gewesen sein, zumal dieser von Jugend auf ein Beter und Faster war. Besonders deutlich wird seine Büßerberufung anläßlich seiner, mancher Frage würdigen Berufung in den Einsiedlerstand: «Er habe beschlossen, die Lockungen dieser Welt hintanzusetzen und sich einen, für die ausschließlich geistige Betrachtung geeigneten Ort in der Einsamkeit zu suchen» (WOE). Der Verzicht auf Ehe und Familie war offensichtlich nicht die Folge inneren Ausgetrocknetseins und ehelichen Widerwillens.

Diese büßenden Einsiedler, die in ihren stillen und armen Zellen nur durch eine tiefe, reichhaltige und konsequent gelebte Gottesfreundschaft auszuharren vermochten, bildeten nebst den Anregung und Führung bietenden

Klostergemeinschaften, soweit sie intakt waren, und den «Brüdern und Schwestern von der Buße» die zeichenhafte Rückbindung eines weitgehend verwilderten Christenvolkes und einer in viele materielle Interessen verstrickten Kirchenleitung an einen bewußt christlich vollzogenen Lebensstil. Dieser wurde auch von wachen Seelsorgern, wie etwa Pfarrer Haimo am Grund von Kriens, Pfarrer Isner von Kerns, den Vertrauten von Bruder Klaus, gepflegt. Von süddeutschen Frauenklöstern ausgehend, wurden auch in der Schweiz (Töss, Engelberg) das Schrifttum um Seuse verbreitet. Der eigen- und selbständige Bruder Klaus, dem ein labiles Schwanken fremd, las davon aus, was ihm nützlich und hilfreich war. Daß selbst Legenden auf sein Gemüt einen tiefen Eindruck machten, bezeugt Waldheim (WA). Man hat in unserer Zeit der Sündenverdrängung den tiefen Sinn des Büßerbewußtseins neu entdeckt, wie etwa aus der Einleitung von Walter Niggs «Buch der Büßer» 1970 hervorgeht. Der Büßer ist jener, der seine Vergangenheit nicht verdrängt, der Realist, der seine Erlebnisse aufarbeitet und seine Erinnerungen klärt, die wie ein Wirrwarr verbrauchter Güter sonst irgendwo in seinem Inneren abgelagert werden und liegen bleiben und vielfach als unbewußte Belastung mitgeschleppt werden. Daß in der Gottesnähe die Mitverantwortung für die menschliche Gesellschaft und christliche Gemeinschaft einsichtiger wird, führt zu solidarischer Buße, die uns keiner so wie Christus selbst vorgelebt hat. Darum wird die Berufung zur Buße auch immer etwas Faszinierendes behalten und ausstrahlen, zumal auf starke Persönlichkeiten, sei es angesichts gesellschaftlicher Zeitprobleme (z. B. Raubbau an den begrenzten Rohstoffen, Entchristlichung der Familien etc.) oder individueller Probleme (persönliches Versagen).

4. Mystiker

Die Gottesfreunde – von Johannes Hemleben (Bruder Klaus) 1977 als geschichtliche Strömung doppelsinnig und treffend eine kirchliche «Untergundbewegung» genannt – waren eine religiös-mystische Strömung unter Geistlichen und Laien, die im 14. Jh. durch die Dominikaner besonders gefördert wurde. Bereits im Frühchristentum hatte der weitgereiste und gebildete Familienvater Clemens von Alexandrien durch sein Schrifttum eine ähnliche Bewegung ausgelöst, die der Verinnerlichung diente. Der heutige Mensch verlangt, daß der von Gottes Erfahrung betroffene *Mystiker* die Erfahrungen des alten Israel und der jungen Christengemeinde mit Gott (und seinem Messias) neu durchschreitet. «Man muß Kontemplation zentral biblisch lesen.» Diese Forderung von Hans Urs von Balthasar (Wer ist ein Christ?, Freiburg S. 81) an die menschliche Bereitschaft und Bereitstellung für mystische Erfahrungen findet in der Visionstafel von Bruder Klaus durch die vier Evangelisten beredten Ausdruck. Nur so schließt sie eine solide, bereitwillige und ganzheitliche Antwort des Glaubenden an Gott in sich. Es geht um die Erfahrung der Patriarchen vom «Gott der Lebendigen», der fraglos anzunehmen, anzubeten ist. Erfahrung vom eifersüchtig liebenden, stets präsenten Gott, der Mose im 13. Jh. v. Chr. erscheint als der «Ich bin da, der ich da bin». Erfahrung vom einzig gültigen Gott, der in Elija mit allen Baalen im 9. Jh. v. Chr. fertig wird. Erfahrung vom Siegergott über alle «Nicht-Götter» der Heiden, wie es Jeremia/Jesaja im 8./7. Jh. v. Chr. bezeugen. Erfahrung vom Gott, der seine Geheimnisse einem Menschen kundtut, nach Daniels Bericht sogar einem heidnischen Fürsten im 5. Jh. v. Chr. Erfahrungen eines Gottes, der Mensch wird, wie wir es bei Jesus von Nazaret im 1. Jh. erleben. – Was Paulus als «Gottes verborgene

Tiefen» = «Mysteria» bezeichnet, offenbart weniger Gott selbst als seine Weisheit (1 Kor 2,10; Röm 11,33). «Heimliche Weisheit» nennt denn auch Walter Nigg sein Werk über evangelische Mystiker.

Bruder Klaus, der mehrfach von dieser Weisheit spricht, staunt nach einem seiner Reimsprüche: «Ach Gott, mich wundert je des Wortes, das da aus deinem Munde ging.» Gott erfahren, seine Artikulation verstehen, seine Geheimnisse sinnvolle Konturen annehmen zu sehen, wird jeden Menschen zum tiefsten Staunen bringen. Sowohl ob des Geschauten und Gehörten wie ob des noch Unschaubaren und Unerhörten. Die Themen, über die Bruder Klaus staunt, sind weitgehend Themen der Zeit (vgl. W. Oehl, S. 161 u. 241). Dieses Staunen will der heutige Mensch wieder lernen.

Journets eigene Ergriffenheit von der Gestalt des Bruders Klaus kann dabei dem heutigen Zeitgenossen hilfreich sein: Nachdem man in die Quellen eingedrungen sei, mache «die Herausforderung, welche das Geheimnis des Niklaus von Flüe ausübt, das Übrige. Sie vereinnahmt zu sehr, als daß man auf halbem Weg stehen bleiben könnte, wenn man einmal daran ist, ihn kennen zu lernen. Ebensowenig vermöchte man zurückzustehen, ihn auch der Liebe anderer zugänglich zu machen, nachdem man ihn einmal zu lieben begonnen hat.»

Der gemeinsame Entdeckerweg des Mystikers mit der Gotteserfahrung des Juden- und Frühchristentums führt aber vor allem zu einem ähnlichen praktischen Verhalten (H. Küng, Existiert Gott?, München 1978, S. 675). Glaubenspraxis ist heute gesucht. Echte Mystik führt an ihre Wurzel. Die Werke der Barmherzigkeit in der Bruder-Klaus-Bildtafel veranschaulichen dies wiederum. Das Gottesgeheimnis wird zum Geheimnis Christi, zum Geheimnis des Reiches, zum Geheimnis des Evangeliums, zum Geheimnis der Beziehung Christus-Kirche (vgl. 1 Kor 2,1; Kol 1,27; 4,3; Mk 4,11; Kol 4,3; Eph 5,32). «Der kontemplative Akt ist der aller äußeren Aktion dauernd grundlegende Akt; er ist aktiv und wirksam, fruchtbar und missionarisch über alle äußeren Unternehmungen der Kirche hinaus» (H. U. von Balthasar, a. a. O., S. 80). Gewiß, das andere ist ebenso wahr: Die entscheidende Auswirkung echter Gottesschau liegt «zum Verdruß aller Statistiker» (Balthasar) durchaus im Unmeßbaren. Der Glaube hält sich fraglos Gott zur Verfügung, «und was Gott daraus macht, geht den Glaubenden letztlich nichts an. Er ist so sehr ein Genommener, Ausgebeuteter, daß der Weg der Kontemplation, ehrlich und unverbogen beschritten, normalerweise in eine Nacht mündet ...» (ebd., S. 82). Aber gerät nicht auch der geschäftige, gestreßte Mensch nur allzu rasch in die Nacht (vielleicht in die «Nacht, in der niemand mehr wirken kann» nach Jesu eigenem Wort!)? Es ist gar nicht so seltsam, daß der Mystiker heute wieder gefragt ist. Der Mystiker, der aus seiner Gottesschau der überlegene Handelnde geworden ist, wie dies auch die politische Reifung von Bruder Klaus im Ranft bestätigt. Sobald man sich vorerst mit Gott zu schaffen macht, kann auch weltlich Geschäft zum Gottesdienst werden, religiöse Hingabe und Annahme, dann «kann unser immerwährendes und ausweglöses Begegnen von lauter Weltlichem unterfaßt und von einer Gottesbegegnung gelenkt sein, die um so eindringlicher mitläuft und sich überall wieder in Erinnerung ruft, je nachdrücklicher sie an den Ursprung unserer Glaubensexistenz gestellt ist ... Auf Gott zugehen kann man nur, wenn jenseits aller eigenen Probleme der freie Raum in uns bleibt für das Unerwartete seines Willens» (ebd., S. 86), wie es im Bruder-Klaus-Gebet «Mein Herr und mein Gott» klassisch ausformuliert ist. Schmerzlich erlitten hat der Mystiker vom Ranft in seiner herangereiften glücklichen

Ehe diese fremdbestimmte Wende seines Lebensstandes. Sie ließ ihn und seine Lebensgefährtin heil bleiben dank der Gnade Gottes und der inneren Freiheit, die ihn und seine Gattin in Bann genommen hat.

Und noch etwas: Der heutige Mensch neigt in seinen Zweifeln an der Existenz Gottes dazu, diese von einer akzeptablen Erfahrung jener abhängig zu machen, die mehr über und von Gott erfahren haben, die ihnen in gewinnender Weise sagen können, wie Gott ist. Sie erwarten einen Gott, der aus Zwängen herauszuholen vermag, aus Gefahren befreit, aus Schuld erlöst und froh macht. Mit anderen Worten: Erfahrungen, die zur christlichen Gott-Anrede «Vater» berechtigen, die Boden unter den Füßen geben. Es muß ein Gott sein, der nicht nur einen eigenen Namen, sondern auch ein eigenes, sympathisches Gesicht hat: das «Unendliche in allem Endlichen» (Küng). Bei Bruder Klaus finden wir tatsächlich einen Gott mit Gesicht (Tafel!), ja einen lachenden Gott. Er lacht den noch Unentschlossenen aus. Aber er lacht ihn auch wohlwollend an. Gewiß, seine Größe schreckt ihn einmal fast zu Tod. Aber nicht dieses erschreckende Kampfmotiv, sondern das Tanzmotiv ließ sich Bruder Klaus auf sein Tafelbild malen: einen Gott, der allezeit sieht, hört und haucht. Das nimmt auch dem heutigen Menschen ein gutes Stück Mißtrauen und läßt ihn neu glauben, daß man allezeit vor ihn treten darf und daß er mit allem Bösen und Leidvollen fertig wird (H. Küng, a. a. O., S. 682). Er tut es in seinem Sohn, der für Paulus das Ja Gottes zu den Menschen ist und unser Amen, unsere glaubende Zustimmung weckt (2 Kor 1,20), ja in uns Wohnung nimmt (Joh 17).

5. Prophet

Der Büßer und Mystiker Klaus ist ein *Prophet*. Im Visionären, das er weiter kündet, liegt die originale Wurzel seiner Frömmigkeit. Die persönliche Gotteserfahrung ist das unverwechselbare Eigengut eines Menschen. Von den Gebeten dieses Heiligen kann man nachweisen, daß sie schon vor ihm von anderen gesprochen wurden. Von seinen Reimsprüchen kann man vermuten, ein anderer habe sie so formuliert. Von seinen Briefen kann man sagen, sie seien aus politischen Rücksichten bisweilen verhalten. Von seinem Meditationsbild kennen wir den Maler nicht. Aber seine Visionen muß man unangefochten stehen lassen. Sie sind und bleiben der unverwechselbare Quellgrund seines Sinnens, Redens und Handelns.

Nachchristliche visionäre Privatoffenbarung kann sich entweder als mystische Vision nur auf den Seher beziehen und sein privates Gottesverhältnis befruchten oder aber als «prophetische Vision» den Seher drängen, in Forderung oder Warnung aus sich und seinem Geheimnis herauszutreten und zum Volk zu reden. Ersteres finden wir bei Bruder Klaus besonders in seinen Berufungsvisionen und gewissermaßen in den Dankbezeugungen des Himmels über seine Passionsmystik. Letzteres hingegen in seiner Gerichtsvision, seinen Schauungen über den vom Volk vernachlässigten Gnadenbrunnen. Ausformuliert werden entsprechende Forderungen etwa in den Friedensmahnungen des Konstanzerschreibens oder den Glaubensaufmunterungen des Bernerbriefes, oder wieder in mündlichen Mahnungen, den priesterlichen Dienst ohne Rücksicht auf die Frömmigkeit des Amtsträgers anzunehmen (GU). Ähnlich die Äußerungen gegen Habsucht und Reislaufen (EI) oder die Mahnung, das Mitleiden mit dem leidenden Herrn zu pflegen (Bernerbrief, Reimsprüche). Die

«Hochschule des Heiligen Geistes», aus der er seine Gleichnisse und die Raddarstellung erlernte (GU), war zuallererst die bildhafte Einsicht, die so oft über ihn kam, mitten in seinem Alltag. Und diese Einsicht hatte er oftmals auszurufen.

Was diese prophetische Mitteilung angeht, kann es sich nach Abschluß des Neuen Testamentes nicht um wesentlich neue Glaubensinhalte handeln. Aber Vergessenes und Vernachlässigtes muß in Erinnerung gerufen werden, wie es bestimmte Zeitsituationen erheischen. Karl Rahner umschreibt das so: «Privatoffenbarungen sind in ihrem Wesen ein Imperativ, wie in einer bestimmten geschichtlichen Situation von der Christenheit gehandelt werden soll. Sie ist wesentlich keine neue Behauptung, sondern ein neuer Befehl» (Visionen und Prophezeihungen, Freiburg, 3. Aufl. 1960, S. 27). M. L. von Franz aus der C. G. Jung-Schule hat in scharfsinnigen Untersuchungen die tiefenspychologischen Hintergründe mit vielen Parallelen aus aller Welt zusammengetragen, um von dieser Seite her die Visionen des Bruders Klaus zu erhellen. Sicher eine höchst interessante Arbeit, auf die im Folgenden hie und da im Detail verwiesen wird. Aber die Wucht der übernatürlich glaubensmäßigen Aussagen des visionären Bruders Klaus wird von solchen naturwissenschaftlichen und geistesgeschichtlichen Untersuchungen nicht erschüttert oder gar entkräftet. «Einerseits muß aus der Natur der Sache eine solche Vision weitgehend sich nach psychischen Gesetzen richten, die aus der inneren Struktur der seelischen Fähigkeiten derer erfließen, die diese Visionen haben ... Andererseits muß die Vision, soll sie als ‹echt› gelten können, von Gott verursacht sein» (K. Rahner, a. a. O., S. 41).

Diese Gottgewirktheit kann sich aber auf verschiedenen Ebenen und in verschiedengradiger Intensität entfalten. Schon auf sogenannte natürliche Weise gewirkte Gotteserfahrungen, die von einem Menschen als wertvoll in ihrer sittlichen und religiösen Auswirkung erlebt werden, brauchen nichts Wunderbares an sich zu haben und werden doch als Aufmerksamkeit des Himmels empfunden. «Ja, man wird sagen dürfen, daß vom Gesichtspunkt der religiösen Heilsbedeutsamkeit der Unterschied, ob die Gottgewirktheit innerhalb oder außerhalb der natürlichen Gesetze liege, für den religiösen Menschen unerheblich ist, da dieser auch in einem ‹natürlich erklärbaren› Vorgang mit Recht die freie Gnade Gottes für sein Heil erblicken kann» (ebd., S. 43).

Die eingehendste und ursprünglich anmutende Beschreibung der drei längerdauernden Visionen mit verschiedenen Szenen sind in der erwähnten Wesemlinhandschrift des Kaspar Ambuel erhalten. Sie erquicken durch ihre sprachliche Originalität, überraschen aber auch durch ihre unkonventionellen Glaubenserfahrungen.

Ebenso gewichtig wie tiefenpsychologische Wurzeln der konkreten Bruder-Klaus-Schauungen scheinen mir die Lern- und Bildungsprozesse geistiger Schulung. Bei aller Originalität der Visionen lassen sich mehrfache Parallelen und Brücken zur Seuse-Literatur nachweisen, wie das Alban Stöckli getan hat. Damit ist auch die ganze Verflechtung angedeutet, der visionäre Erlebnisse unterliegen, auch wenn sie von Gott gewirkt sind. Die Mystiklehrer bleiben deshalb den Visionen gegenüber zurückhaltend. Gott bleibt immer größer als jedes Bild, das man sich von ihm macht.

Zur geistigen Erfassung einer Persönlichkeit hingegen sind visionäre Intuitionen, falls sie nur historisch gesichert sind, von charakteristischem Wert. Bei Bruder Klaus riskieren wir um so weniger, als sein Tugendleben wie etwa Gehorsamsgeist, Bescheidenheit, Klugheit, Liebe in gleicher Richtung wie sein Wunderfasten Zeugnis geben. Wunder gelten als Kriterium für die Gottgewirktheit und damit letzter Echtheit seiner Visionen. Mag man auch nachweisen können, daß rein mystische Visionen historisch Unrichtiges, theologisch Schiefes nicht immer ausschließen, so scheint die Rolle eines Gottesrufers eine größere Absicherung zu verlangen, nämlich, «daß bei einer prophetischen, durch Wunder bestärkten einbildlichen Vision auch das Bildhafte in ihr irgendwie unter einer göttlichen Garantie steht, soweit dieses für den Zweck der von der Vision getragenen Sendung des Propheten von Bedeutung ist, wenn auch dann noch aller bildhafte Inhalt Züge der subjektiven Eigenart (und damit auch Bildung!) des Visionärs an sich tragen wird» (ebd., S. 63).

6. Beter vor dem Meditationsbild

Was bei der Vision als göttliche Bildenthüllung in der menschlichen Sinneserfahrung aufscheint, geht im *Meditationsbild* einen umgekehrten Weg. Hier wird der Versuch unternommen, aus einer Fülle gemachter Gotteserfahrungen Schwerpunkte herauszugreifen und sie in farbigen Menschenbildern darzustellen, um für sich und für andere einen Rahmen zu haben, leichter zu Gottes Geheimnissen aufsteigen zu können, solange unmittelbare neue göttliche Mitteilung ausbleibt.

Vermag der heutige Mensch eine solche, als Bauernmalerei erscheinende Bildtafel mit Gewinn zu betrachten? Er lese vorerst bei einem bedeutenden Zeitgenossen etwas Grundsätzliches: Der Betrachter «müßte scheiden können zwischen dem Glauben und seiner Aussage. Der Glaube kann unendlich sein, wenn er liebt, das Werk bleibt endlich. Der Glaube kann zeitlos sein, aber das Werk ist zeitlich. Und das Werk hat in sich einen Anruf und eine harte Forderung nach mehr Glaube ... Spiele nicht, lieber Christ, den müden Ungläubigen, der nichts mehr sieht, wo dir doch Augen des Glaubens geschenkt sind! ... Laß dir nicht

Die Visionstafel stellt in der Mitte die klassische Bruder-Klaus-Vision dar mit zwei Kreisen und zwei Dreier-Gruppen aus- und einlaufender Strahlen. Die eine hat ihre Spitze in Ohr, Auge und Mund des gekrönten göttlichen Menschenantlitzes. Ihr entspricht die andere mit nach innen laufenden Strahlen: die Antwort der Schöpfung auf Gottes Werk. Die Breite oder Spitze in den Medaillons wird gelegentlich auch als Verherrlichung oder Erniedrigung gedeutet. Die vier quadratischen Evangelistensymbole verankern die 7 Medaillons auch geistig. – Unsere Schwarzweißreproduktion fördert eher Klarheit und Übersichtlichkeit der schadhaften Darstellungen.

weismachen, die alte Christenheit sei weltabgewandt gewesen: Woher hätte sie sonst eine solche Liebe zu den Dingen, eine solche Kenntnis ihrer geheimsten Gesetze genommen, die die Liebe und Kenntnis der Heutigen weit übertrifft?» (H. U. von Balthasar, a. a. O., S. 21).

Worum handelt es sich beim vorliegenden Bild? Es gilt als eines «der umfassendsten, von größter Bedeutungskraft geladenen, ungewohnt ausgeglichenen Meditationsbilder, welche die Christenheit hervorgebracht hat» (A. Rosenberg, S. 161). Sollte Bruder Klaus am Werk nicht direkt beteiligt gewesen sein, so «hat er darin wenigstens einen vollkommenen Ausdruck seiner eigenen inneren Welt gefunden» (J.B. Lotz, Einüben ins Meditieren am Neuen Testament, Frankfurt 1965, S. 202).

Der Pilgertraktat eines unbekannten süddeutschen Freundes von Bruder Klaus zeigt in seiner Publikation um 1486 einen etwas flüchtig gearbeiteten Holzschnitt, der in groben Zügen mit dem Visionsbild inhaltlich übereinstimmt. Die Entstehung des Temperabildes auf Leinwand (ursprünglich 89 × 82 cm) bei Bruder Klaus wird von Kennern auf ca. 1475 angesetzt. Der Pilger berichtet von seinen vertraulichen Gesprächen mit Bruder Klaus über die damals in Gottesfreund-Kreisen gängigen Themen von der Liebe Gottes, der unbefleckten Empfängnis Mariens und des täglichen Brotes. Eigens ist die Rede von der das dreifaltige Leben Gottes symbolisierenden Radskizze (= die in seinem Buch verzeichnete Figur mit den ein- und auslaufenden Strahlen) und dem einen ganzen Kranz von Medaillons umfassenden Visionsbild (= Gleichnis des Rades, auf dessen Speichen je eine Figur gesetzt wird). Die *Skizze* und das Bild müssen Vorbilder in den Gottesfreund-Kreisen haben.

Im Gegensatz zum Holzschnitt ist die gemalte Darstellung solide und ebenmäßig gestaltet. Die mystische Beziehung der Medaillons zum Haupt Christi und untereinander scheint in den folgenden Zeiten bald nicht mehr verstanden und beachtet worden zu sein. Nur der Kern, das strahlende Christushaupt, blieb ein Attribut des Heiligen. Erst der fromme Paul von Deschwanden hat Mitte des letzten Jahrhunderts, weniger durch eine schwache Teilrestauration als durch mehrfache schriftliche Deutungen, den Impuls zu einem neuen Verständnis gegeben. Seine einfühlende Menschlichkeit und sein religiöses Wissen um die Anliegen der mittelalterlichen deutschen Mystik fanden wenigstens teilweise im vierbändigen Bruder-Klaus-Werk von Ming (Luzern 1861–78) ihren Niederschlag.

Zu allen Zeiten war das sinnliche Anschauen eine Hilfe zumindest für den Anfang des geistigen Erfassens einer Wirklichkeit. Diese Tafel ist ohne Zweifel die Frucht – im Ansatz wie gesagt schon längst vor Bruder Klaus – der meditativen Erfahrung der alten Christenheit bis über die Mitte des 15. Jahrhunderts hinaus. Aber unter Bruder Klaus als Gärtner ist diese Frucht gereift, er hat diesen Baum zumindest geistig gezogen, geschnitten und gebunden. Eigenständige religiöse Erfahrung bereichert, strafft aber auch das überkommene Gut. Die Bruder-Klaus-Tafel ist reich und maßvoll zugleich, wundervoll zentriert, voll unerschöpflicher Aufschlüsselungsmöglichkeiten bei sehr klarem Aufbau, der gleicherweise Sinn und Geist gefangen nimmt. Die neueste Interpretation bieten Karlheinz Zeiss/Silja Walter in «Gesicht im Goldkreis». Dies feinsinnige Werklein erschließt das Meditationsbild vielseitig. Die an sich statthafte Neuinterpretation des sogenannten Schöpfungsmedaillons (links oben) als ausschließliches Gerichtsmedaillon dürfte infolge bloßer Vermutung kunsthistorische wie ideengeschichtliche Probleme aufwerfen (vgl. S. 36ff.).

Die Meditationstafel bedeutet eine gelungene Synthese von originalem Visionsreichtum und überkommener Tradition. Sie bietet unerschöpfliche Kombinationsmöglichkeiten innerer Zusammenhänge, die nicht einfach ins Spielerische verlaufen, sondern immer wieder wesentliche Zusammenhänge aufscheinen lassen. Sie stehen in Beziehung zu den sieben kirchlichen Gebetszeiten (nach Mitteilung an den Predigermönch – vgl. S. 126f. – seine Meditationsschule), zu seinen Visionen, besonders seiner «großen Vision», aber auch zum volkstümlichen Großen Gebet. Über Seuses Leidensmystik hinaus nähert sich Bruder Klaus deutlich dem verherrlichten Gottmenschen, wird bildhafter und populärer, und das Geheimnis der allerheiligsten Dreifaltigkeit rückt in den Mittelpunkt. Für diese innere Entwicklung steht die Bildtafel als Zeugnis gut.

Warum eine Meditationstafel für den Visionär? Visionen waren außerordentliche Ereignisse, nach Hegglin den Festtagen des Kirchenjahres vergleichbar. Dazwischen liegen die nüchternen Werktage, an denen Klaus das trockene Brot des Meditationsbildes genießt. Wie er selber dem Jüngling von Burgdorf gesteht, ist die Gotteslust durch Zeiten harter Anstrengung unterbrochen.

Wir sprachen von der äußeren Entwicklung der Meditationstafel mit ihrer Strahlung und vom Anteil des Bruders Klaus. Wo aber liegen die Wurzeln, und wer hat ihm die Tafel vermittelt? Ob er sie von Pfarrer Amgrund oder Isner oder von einem anderen pilgernden Gottesfreund erhalten hat? Wir wissen es nicht. Bei Heinrich Seuse wurden Textelemente entdeckt, die zur Bildung der Skizze wie zur weiteren Ausgestaltung derselben führen, ebenso Bildvorlagen, die für Teilkomposition und Details mitbestimmend sein konnten (A. Stoeckli, S. 46), teils inspirierend, teils wegleitend. Sie beziehen sich auf Mittelpunkt, Kreis und Speichen, den flutenden Ausfluß von Gott und das «Widerfließen» von seiten der Geschöpfe, auf das Menschenantlitz und Schöpfungsgeschehen, den großen Kreis und die Medaillons.

Es ist anzunehmen, daß diese Traditionselemente aus der bald nach 1330 in Ober- und Niederdeutschland weitverbreiteten deutschen Übersetzung des «Speculum humanae salvationis» (Spiegel der menschlichen Erlösung) stammen. Gundelfingen, dessen Biographie 1488 erschien, sagt von der «Darstellung des Rades, die er in seiner Kapelle malen ließ», er habe durch sie «wie durch einen klaren Spiegel das ganze Wesen der Gottheit widerstrahlen lassen». Es wäre verständlich, wenn Bruder Klaus seine unmittelbaren Gotteserfahrungen mit Hilfe eines volkstümlichen Lehr- und Andachtsbuches auf einen leicht verständlichen und allgemeingültigen Nenner hätte bringen wollen. Interessanterweise lassen sich auch seine Lehrsprüche und Mahnungen, also was ihn prophetisch beschäftigte, weitgehend in diesen Rahmen einfügen. Das aufzuzeigen ist denn auch ein Hauptanliegen des vorliegenden Buches. Wir verlagern dabei einzig im zweiten Kapitel den ursprünglichen Akzent vom Positiven (Hingabe Jesu) ins Negative (Verrat des Judas), wie das auch in der traditionellen Vaterunser-Meditation bei diesem Medaillon («führe uns nicht in Versuchung») vorkommt. Es geschieht ohne Bedenken, können doch nach der Tradition die Medaillons auf verschiedene Weise und unter verschiedenen Gesichtspunkten miteinander in Verbindung gebracht werden: gegen die Uhr (Vaterunser); in freier Folge (Werke der Barmherzigkeit, Seligpreisungen), nach den ausgehenden Strahlen (Werke Gottes), nach den zurücklaufenden (Glaube, Hoffnung, Liebe, menschliche Reaktionen und seelische Entwicklungen); nach Gegensätzen gegenüberstehender Bilder (natürliche – übernatürliche Schöpfung; Geburt und Wiedergeburt, Leben und Tod; natürliche und übernatürliche Speise; Verrat und

Annahme des göttlichen Willens usw.). Zeiss/Walter bringen bestechende neue oder erweiterte Erklärungsmuster. Unser Buch folgt im Ablauf seiner Kapitel der Uhrzeigerrichtung je zwei nebeneinander stehender Bilder und fährt dann auf der gegenüberliegenden Seite fort. Es ergibt sich daraus eine der sinnvollen Spielarten, das Hin und Her zwischen Gottes Angebot und menschlicher Antwort fortschreitend auszuschöpfen.

Stoeckli scheint nachweisen zu können, daß die bekannten Symbole der leiblichen Werke der Barmherzigkeit, die den Medaillons beigegeben sind (Weinkanne und Brot, Wandertasche, Krücken, Sarg, Rock, Kette), ursprünglich einer mystischen Symbolik zum seelischen Entwicklungsweg des Aufstieges angehörten und erst später volksnaher in die überzeitlich biblischen Werke der Barmherzigkeit umgedeutet wurden (S. 64). Ihre heutige Aktualität wurde 1979 durch das Fastenschreiben und das erste Papstrundschreiben Johannes Pauls II. über das Menschenbild (Redemptor hominis) bestätigt. Der christliche Glaube bleibt das Ferment für den Fortbestand humanitärer Hilfe.

«Der Urheber (des Meditationsbildes) muß über eine Bildung verfügt haben, die in psychologisch-metaphysischer und religiös-theologischer Hinsicht sehr ausgedehnt gewesen sein muß», für die Bruder Klaus allein «ernsthaft nicht in Betracht gezogen werden kann» (G. Th. Hegglin, S. 12 f.). – Nun, es mag im Dunkeln bleiben, welcher Menschen sich Gottes Vorsehung bediente, um uns diese Synthese von Bruder Klausens Geistigkeit zu vermitteln, entscheidend ist, daß wir in ihrem Besitz geblieben sind. Die bethafte Versenkung Bruder Klausens, die daran haftet, wird uns immer wieder anspornen, uns damit auseinanderzusetzen.

Zum Hauptbereich dieser bethaften Versenkung gehört das kurz erwähnte, bereits vor Bruder Klaus existierende

Große Gebet der Eidgenossen, das Petrus Canisius 1585 in Form von 92 Betrachtungen herausgab und aus dem wir einschlägige Texte in jedem Kapitel anführen. Eine frühere Fassung (Morschacherhandschrift) gab WI heraus, die wir jeweils als Motto in der Ursprache anführen. In einer protestantischen wissenschaftlichen Veröffentlichung von 1864 wird die einzigartige, heute geradezu ökumenische Aufgabe anerkannt, die sich stelle, «das Ganze der heiligen Geschichte vor der Gemeinde vorüberzuführen, es zum Gegenstand ihrer anbetenden Betrachtung zu machen und die Einpflanzung in Herz und Gedächtnis durch die Mimik abbildlicher Gebetsstellungen (mit gefalteten Händen, knieend, sitzend etc.) zu verstärken» (F. Delitzsch, in: Guillet, Das große Gebet, Stein a. Rh. 1973, S. 198). Petrus Canisius bemerkt, Bruder Klaus sei der eifrigste Betrachter und Beter dieser ausgesprochenen Bibelbetrachtungen gewesen. Da 9/10 der Texte neutestamentlicher Herkunft sind, erstaunt es uns nicht, daß die sieben Medaillons des Meditationsbildes in den vier Eckquadraten der Evangelistensymbole verankert sind.

7. Bruder

Josef Lortz hat vor vielen Jahrzehnten in einem Vortrag darauf hingewiesen, daß zur Zeit der Reformation im katholischen Lager nicht alles faul sein konnte, wenn dreißig Jahre zuvor die «Nachfolge Christi» und der Isenheimer Altar entstanden seien. Dieser Feststellung können wir nur hinzufügen: und das Meditationsbild des Bruders Klaus.

Denn dieses Meditationsbild ist bis heute von einer selten fruchtbaren geschwisterlichen Ausstrahlung geblieben. Bruder Klausens Rat erweist sich noch heute etwa dem vereinsamenden Rentner in der Schlucht seines Alterns als brüderliche Hilfe. Oder er kann Ehegatten in erschwerten Belastungen der Partnerschaft geschwisterliche Herausforderung ihres Christenglaubens werden. Unternehmer, Politiker und Richter finden bei der Versuchung zur Charakterlosigkeit, die ihre «Kunst des Möglichen» mit sich bringt, ein brüderliches Vorbild von Gewissenhaftigkeit und Mitverantwortung, von Mut und Klugheit. Dem Kämpfer für das Recht ist er Bruder zur Ritterlichkeit. Der Laie, der seine Rolle in der Kirche neu überlegt, entdeckt beim großen Bruder den Segen der Freundschaft mit guten Priestern, die Sachlichkeit des Vorstehers in Konflikten, aber auch die Frucht des Gehorsams gegenüber dem Bischof. Mann und Frau im geistlichen Stand gewahren in ihm das geschwisterliche Unterpfand zum Durchhalten in Konflikten. Der kranke Mensch erfährt bei ihm die tragende Kraft des Mitleidens mit dem Herrn. Der international Orientierte die brüderliche Harmonie von Weltoffenheit und Selbstbescheidenheit, in der allein die innere Freiheit zu retten ist. Der Suchende findet bei ihm ein brüderliches Vorbild der Zielstrebigkeit durch alle Verklemmtheiten, Dunkelheiten und Ausweglosigkeiten . . .

Mit ökumenischem Tiefblick hat Ch. Journet die Brüderlichkeit des Eremiten unseren getrennten Mitchristen gegenüber gezeichnet: «Die wahre Begründung für die Anhänglichkeit unserer evangelisch-reformierten Mitchristen gegenüber Bruder Klaus liegt in seiner Liebenswürdigkeit (nicht in seiner angeblichen Papstfeindschaft, wie sie etwa Martin Luther aus der irrtümlichen Überlieferung des Bovillus abgeleitet hat). Das Leben dieses Alpenmenschen verbreitet einen so seltenen Wohlgeruch, man atmet hier so starke Einfachheit, soviel Wahrheit und Ritterlichkeit, eine so rührende Zärtlichkeit für das Geheimnis seines Gottes, der Mensch wird und sich töten läßt.

Man saugt einen so heftigen und wilden Wunsch ein, sich restlos von Gott allein besitzen zu lassen, einen solch authentischen Frieden und darüber hinaus so viel echte Menschlichkeit, daß er ungebrochen noch unsere heutigen Herzen bewegt. Wer immer wir auch sind, er vermag uns hinter sich her zu ziehen wie damals, als er voll Güte diese Pilger aufnahm und zu stärken vermochte, welche in ihrer Begier, schon hinieden ‹Gottes Freunde› zu werden, von sicherem Instinkt in diese Einsamkeit geleitet wurden» (S. 93).

Der heutige Mensch mag sich dazu Überlegungen des Berner Pfarrers Kurt Marti durch den Kopf gehen lassen mit dem unverkennbaren Protest gegen das Auseinanderfallen von Darstellung und Leben (in: Blocking, Texte über Gott, Mainz 1976, S. 120). Hinter der Meditationstafel steht das Leben: die Schauung und der Vollzug.

vom leben
entwirft
nur leben
lebendige
bilder

was schaben
und pinseln
die maler
auf kirchengerüsten
an toten gemälden

des lebens
und seines fürsten
lebendiges
bild
ist
der bruder

Jedem Kapitel (Medaillon) stellen wir mit Ausblick auf unsere Zeit eine Einführung thematischer Art in die vorgelegten Quellentexte von und über Bruder Klaus voran. Dabei gehen wir vom visionären Erlebnis als dem ursprünglichsten und unverfremdetsten Element aus. Wir folgen dann Bruder Klaus, der in Gebet, Zuspruch, Unterhaltung, Ratschlag und Brief seine innere Quelle weiter reflektiert und in bestimmte Situationen hinein aufschlüsselt.

1. VERANTWORTETE SCHÖPFUNG

Vor dem zur Segensgebärde ausholenden Weltenherrscher erscheint zwischen zwei Engeln der anbetende Mensch – ein Lieblingsthema der damaligen Mystik. Als Zeichen der Schöpfung gelten Sonne und Mond, Vögel, grauer Ziegenbock und heller Hase, Symbole des Lebens. Brot, Fleisch und Weinkrug symbolisieren: Hungrige speisen und Durstige tränken. – Bei einer Weltgerichtsinterpretation wird die Einladung: «Kommt, ihr Gesegneten meines Vaters!», dem Medaillon am ehesten gerecht.

Die von Zeiss/Walter angeregte Ausdeutung des Schöpfungsmedaillons als Gerichtsmedaillon ist ein pastoral gewiß erlaubter Versuch, das Meditationsbild für unsere Zeit zu aktualisieren. Auch dem visionären Bruder Klaus ist wenigstens beiläufig der Weltenrichter nicht fremd. Und PI kommt, von den «guten Werken», die uns im Weltgericht retten müssen, auf die Schöpfung zu sprechen. Aber Karlheinz Zeiss' Kritik, die Schöpfungsdeutung sei «Fehldeutung» und «Irreführung» kann leicht zurückgewiesen werden.

Überraschenderweise findet sich schon im «Großen Gebet» unter 92 Betrachtungen keine einzige über das Endgericht, hingegen widmen sich drei der Schöpfung vor dem Sündenfall. J. Bühlmanns «Christuslehre und Christusmystik des Heinrich Seuse» (Luzern 1942) enthält weder ein Kapitel noch ein Stichwort auf den Weltenrichter. Das damalige Interesse der Gottesfreunde – als Verchristlichung der anhebenden Renaissance? – galt der Reflexion der Schöpfer-Geschöpf-Beziehung des Menschen. Schon bei Eckhart (14. Jh.) finden wir die Ehrung dessen, «von dem man sein Wesen hat« (J. Bernhart, Deutsche Mystiker III, München 1914, S. 28). «Alles des Vaters Lust und sein Kosen und sein Anlachen, das ist allein im Sohn», ist der Schlüssel. Und für unsere Tafel wichtig: Als Gegenstück zur geschöpflichen Wandlung bei der Erschaffung nennt er ausdrücklich die übernatürliche Wandlung in der heiligen Eucharistie (ebd., S. 31).

Andere stark verwandte Detaildarstellungen der Medaillonkomposition mit teils exakten Abhängigkeiten finden sich im «Spiegel menschlicher Behaltnus» (1476) und «geistlicher Uslegung des lebens Jhesus». Der Hase findet sich auch dort in eindeutigen Schöpfungsbildern, ähnlich wie er auf Taufbecken als Lebenssymbol anzutreffen ist (z. B. Amsoldingen). Die Ziege als Gerichtsgegensatz zum Lamm findet sich in unserem Sprachgebrauch übrigens erst seit wenigen Jahren.

got danckbar darumb sei, wes glück sich uff
den ertrich me(h)ret. *bernerbrief*

Der Mutterboden für des Bruders Klaus staunende Aussagen über die Schöpfung Gottes liegt in seiner Urvision als werdendes Kind und werdender Christ. Auch der moderne Mensch liebt den Rückblick in die Anfänge:

Laß uns denn einmal noch / aus deinem Schoß kriechen,
gesalbt mit deinen Säften, / den süßen, den bittern.
Schenk uns den Schlaf des Lebens, / die leichten und schweren Träume ...[1]

1 *C. Zuckmayer:* Der Gesang im Feuerofen, Frankfurt/M. 1950 (Schulausgabe 11).

Von jeher erfährt sich Bruder Klaus als ein paradiesisches Wunder der Schöpfung: «Ihr sollt euch als Menschen begreifen, die für die Sünde tot sind, aber für Gott leben in Christus Jesus» (Röm 6,11).

Als junger Mann begegnet er wandernd jenem würdigen Greis, den er als einen und dreifaltigen Schöpfer erfaßt. Auf das Heischen des anonymen Gottes hin weiß er sich ermächtigt, Gott eine Gabe der Liebe auszurichten, wie es nur ein Partner Gottes vermag. Die Liebe hat die Gegenliebe wachgerufen: Mit Meister Eckhart und anderen reinen Seelen vermag er die allein göttliche Welt innerlich wahrzunehmen. Solche visionären Urerfahrungen, solche Träume Gottes, wie der Mensch wirklich sein könnte, tragen seine kargen Äußerungen über die Schöpfung. «Visionen sind auch bei ihm nicht Selbstzweck, sondern Wegweisung. Nicht der Mensch wählt sich seine Visionen aus, es ist umgekehrt, die Visionen bemächtigen sich des Menschen, oft des ganz unscheinbaren.»[1]

So finden wir im Gedankengut der Reimsprüche, das auf ihn zurückgeht, ein solches Staunen und Wundern als Artikulation seines Ergriffenseins von den Visionen. Vorab über das Ziel aller Schöpfung, über den Mensch gewordenen Gott, um dessentwillen die Schöpfung entstand und der sie für alle Zeiten in ihrem Fehlgang auszuhalten wußte und vermochte. So bleibt auch für Niklaus wie Seuse «das große herrliche Ziel in aller Mühsal des Lebens: einst hinüber zu gehen in die ewige Herrlichkeit und den König der Glorie anzuschauen»[2].

Mit Berufung auf Bruder Klaus läßt der Pilgertraktat (PI) im Ausblick nach den Werken der Barmherzigkeit vorerst eine überbordende Schöpfungsfreude am Menschen wach werden. Wie ein Jubilus (ekstatischer Freudenaus-

1 *Nigg/Schneider*, S. 11.

2 *H. Seuse*, zit. in: *J. Bühlmann:* Christuslehre und Christusmystik des Heinrich Seuse, Luzern 1952, S. 170.

bruch) steigert sich «daz es i(h)m bringet ein große freud». Es geht um die dreifache Freude, daß nämlich unser Schöpfer selber Menschenantlitz angenommen hat, daß er sich damit keine andere Kreatur in der irdischen Dimension gewählt hat, und schließlich daß der Mensch dies realisieren kann, dafür zu danken vermag und darin die Erfahrung macht, das Gott liebste Geschöpf zu sein. Anthropologie im Sinn von biologisch-psychologischer und soziologisch-kultureller Grundlagenforschung ist ein Kind unserer Zeit. Die allein tragende Voraussetzung dazu, der Respekt vor dem Menschen an sich, pflegte schon die Mystik des Mittelalters. Sie gewann diese Voraussetzung vor allem im Gebet, im meditativen Umgang mit Gott, im Nachsinnen über das Leben Jesu. Darum bringen wir zu jedem Kapitel einen Auszug aus dem Großen Gebet, einer biblischen Hauptquelle religiöser Anregung auch für unseren Mystiker.

Ein visionärer Christ unseres Jahrhunderts bekennt: «Ich will die Welt auf meine Schultern heben und sie mit Lobgesang zur Sonne tragen!»[1] Auch Bruder Klaus weiß um seine Verantwortung für die ihm anvertraute Schöpfung: Nach altem Brauch soll ein Stuhl leer bleiben für jenen Bruder, jene Schwester, die an Gottes statt sich hungrig bei uns zu Tisch setzen möchte. Konkret wie die Sprache der Visionen sind die christlichen Forderungen des Flüelibauern.

Seinem Nächsten das Almosen reichen kann ein jeder. Nicht jeder hingegen vermag wie Bruder Klaus Frieden, Sättigung und Wohlstand ins ganze Land zu bringen. Zum Schöpfungsauftrag gehört auch diese politische Sorge. Gewiß, das verlorene Paradies ist nicht wiederzubringen, aber doch mit Weitsicht und Klugheit, Tatkraft und Zielstrebigkeit, Güte, Gerechtigkeit und Selbstlosigkeit im Rahmen der irdischen Möglichkeiten zu bewerkstelligen.

1 *R. J. Sorge:* Bekenntnisse und Lobpreisungen, München 1960, S. 8.

Ein Herzstück unverfälschter Bruder-Klausen-Art, sein Ratschlag verbrieft, stützt unsere heutige Auffassung, wonach Zukunft nicht einfach über uns kommt, sondern von uns (mit Gottes Hilfe) ein gut Stück machbar ist. Immer mit dem Korrektiv: «Was auf mich ankommt, will ich mit gutem Willen tun ... in allem aber geschieht Gottes Wille!» (Konstanzerbrief). Daß dieser Schöpfungsauftrag einst unter dem weltweiten Endgericht stehen wird, ist dem heutigen Menschen angesichts der wachsenden Disproportion zwischen besitzender Elite und menschenunwürdig vegetierenden Massen klarer geworden, dem Zeitgenossen eines durch menschlichen Eigennutz auseinanderfallenden ökologischen und ökonomischen Geichgewichtes.

Der Mensch ist dein Bild und dein Gleichnis.
Du bist da in seiner Gestalt. / Und auch er möchte,
daß das weiterlebt, / was er selber ist.
Daß in anderen Wirklichkeit wird, / was ihn ausmacht[1].

VISIONEN

«Bruder Klaus (hette Pfarrer Heiny am Grund) geseytt, das er im mûtterlib vor und ee er geboren sie, ein Sternen am hymel gesechen, der die gantzen welt durchschinen und sid das er im Ranft gewonet, habe er alwegen ein sternen am hymel gesechen, der im glich were, das er eygentlich meynte, er solte es sin.» *KI*

Taufvision

Es geht bei dieser charakteristischen Vision um das Grunderlebnis zum Verständnis der urwüchsigen Eigenart von Bruder Klaus.

1 *S. Schneider:* Denn du bist da. Psalmengebete, Würzburg 1972, S. 16.

vom sternen und stein, der bedütte die veste
und stetty sins wesens *KI*

Als er noch im Mutterleib war, sah er einen Stern am Himmel alle anderen überglänzen, von dessen Strahlen der ganze Erdkreis überleuchtet ward. Später pflegte er zu sagen, er habe einen gleichartigen Stern in seiner Einsamkeit öfter wieder erblickt, so daß er glaube, es sei derselbe gewesen, den er im Mutterleib geschaut hatte. Er erkannte auch (damals) einen mächtigen Felsen und das heilige Öl, mit dem die Christgläubigen gesalbt werden. All das enthüllte er in schlichter Aussage als Einsiedler einem vertrauten Priester (Heini Amgrund, Pfarrer von Stans) und versicherte auch ohne Ruhmredigkeit, diese Gesichte hätten sich auf sein künftiges Leben bezogen. Er fügte auch bei, wie er gleich nach der Geburt Mutter und Hebamme klar erkannt hatte und wie er durch die felsige Gegend, in welcher er später sein Leben beschloß (= Ranft), nach Kerns zur Taufe getragen worden sei. Dies alles hätte er im Gedächtnis behalten, als wenn es sich im reifen Alter zugetragen hätte. Den Taufpriester und die Paten beiderlei Geschlechts habe er von da an gekannt, ohne daß man sie ihm vorstellen mußte. Nur ein Greis, der unter der Taufgemeinde war, sei ihm fremd gewesen. *WOE*

Es geht um das Grunderlebnis zum Verständnis der urwüchsigen Eigenart von Bruder Klaus. Abgesehen von schwachen biblischen Parallelen (Jer 1,5; Lk 1,44) gibt es tatsächlich archetypische Vorstellungen, welche die Auserwählung zur Rolle des Heilbringers und religiösen Führers zu Bewußtsein bringen. Auch von Franz von Assisi kennt man aus dem Jugendalter eine entsprechende Intuition.

Stern, Stein und Öl sowie der alte Mann gehören zum archetypischen Bereich (M. L. von Franz, S. 35–38). Analog zum *Stern* von Bethlehem und zum Sternhimmelvergleich des Paulus (1 Kor 15,41) finden sich entsprechende Identifikationen bei Heiden, Juden und Christen. Der *Stein* kann auf den Namen «von Flüe» zurückgehen, wie auf biblische Vorstellungen von Gott als Fluchtfels, vom Eckstein Christus und vom Felsen

Petri, die alle mit der von Niklaus erwähnten «Stetigkeit des Wesens» zu tun haben. Diese Eigencharakteristik zu einer Zeit, die zwischen Glaubenstradition und gottgelöstem Weltverständnis schwank (H. Stirnimann 1976, S. 426), ist providentiell. Das Öl gilt archetypisch als Vorstellung für die numinose Beziehung zu Gott und Geist in aktiver, dynamischer, fruchtbringender Art. Die liturgische Zeichensprache des Öls war dem Mittelalter sehr vertraut. – Offensichtlich läßt sich die *Dreiheit* von Stern, Stein und Öl bei Bruder Klaus nicht ohne innere Urbeziehung zur heiligsten Dreieinigkeit verstehen (G. Th. Hegglin, S. 110).

Ob *Mutter* und *Amme*, gleichzeitig mit dem Taufpriester erkannt, Symbole der lebenspendenden, zum Leben führenden Kirche sind? – Der unbekannte *Alte* deutet archetypisch auf den «alten Weisen», den «Antiquus dierum» der geheimen Offenbarung (1,14) hin. Er tritt als Verkörperung persönlicher Präsenz Gottes in späteren Visionen wieder auf. Andererseits ist er für den Mystiker Niklaus wie Stern, Stein und Öl persönliche Lebensverkörperung, Ausdruck seines ureigenen Wesens, ähnlich wie er sich in der Brunnenvision bei Ambuel zuletzt selbst als Tabernakel versteht. – Die *Echtheit* dieser Kindheitsvisionen wird von tiefenpsychologisch inspirierter Seite durch eine Traumtheorie in Frage gestellt (M. L. von Franz, S. 35–38). Tatsächlich gibt es – vergleichbar mit optischen Täuschungen oder dem doppelten Brechungwinkel des Lichtes im Wassertropfen (doppelter Regenbogen) – ein Phänomen in unserem Gedächtnis, wobei Ersteindrücke nachgerade zurückprojziert werden und eingebildeterweise als Zweiterlebnis haften bleiben. Die kritische, verstandesmäßige Art von Bruder Klaus, vorab aber seine Gotterleuchtung macht diese natürliche Meinung, wonach er einen späteren Traum resp. «seinen Inhalt als eine gültige Information betrachtet» (ebd.), m. E. unwahrscheinlich.

so underwißte er sy allwegen gûtter wercken
und brêche im selbs vil ab *KI*

Der Almosen heischende Gott

Der Greis (in dessen Gestalt Gott ihm begegnete) trat näher und bat um ein Almosen. Als Niklaus es ihm reichte nahm jener es mit großem Dank und mit Ehrfurcht entgegen und verschwand sogleich. Daraus wurde ihm (Niklaus) erst recht klar, daß das Almosen unter den übrigen guten Werken die erste Stelle einnehme. *WOE (Fragment)*

Dieses Fragment nehmen wir hier voraus im Hinblick auf die jedem Medaillon beigegebenen Symbole zu den Werken der Barmherzigkeit. Gott bittet wie ein Spielmann nach einer Darbietung (dem ein- und dreistimmigen Gesang) um eine Gabe des Zuhörers. In der Urhandschrift, aus der WOE zu schöpfen scheint, ist hervorgehoben, daß in diesem Moment Bruder Klaus «einen Pfennig in der Hand hatte und nicht wußte, woher ihm dieser gekommen war». Damit ist angedeutet, daß wir in den guten Werken nur weitergeben, was uns Gottes Schöpfergüte zuvor selbst geschenkt hat (vgl. Eph 2,10).

REIMSPRUCH

Ach Gott
Mich wundert je des Worts
Das da ging aus deinem Mund
Darin du hast erschaffen
Den Himmel und der Erden Grund

Ach Gott
Warum redest du nicht ein Wort
So hättest du zerstört die Höllenpforten
Und wärest entronnen deiner Pein
Doch wären wir dann Gottes Kinder geworden?

Ach Gott
Was soll ich deinem Schweigen entnehmen?
Gott, deine Gerechtigkeit soll ich daraus erkennen:
Gott schickt uns seinen Sohn
aus göttlichem Thron
Damit er uns der Herrlichkeit Krone bereite

Meditationshilfe zum Reimspruch-Abschnitt «Mich wundert je des worts»

Schöpferisches Wort oder mechanische Wiedergabe

Das große Staunen ging verloren: Geboren werden heute Worte selten aus dem Herzen. Sie werden ausgespien aus Recordern. Inflation des Wortes. Gebären ist einmalig: ein Lebensvorgang. Gebären ist Leben schenken in Risiko und Schmerz.

Gottes Wort, von ewig geboren, schafft die ganze Welt durch alle Zeiten immer neu. Das Schöpfungswort sollte kein Machtspruch sein gegen menschlichen und teuflischen Widerspruch. Es sollte lebendiges, Leben spendendes Wort bleiben: Hauch Gottes solidarisiert sich mit der Schöpfung, Gott engagiert sich mit Haut und Haar, da er Fleisch geworden, betroffen von Unrecht und Leid: Gott hat sich ganz eingelassen mit seiner Welt auf Gedeih und Verderb. Was in Gnade und Bund beschlossen, das kann nicht draußen bleiben.

So stellt sich die Frage der Menschen nicht mehr nach optimaler Leistung, nach Proportion zwischen Einsatz und Ertrag. Wo Menschen eine Sache in Gang bringen, kalkulieren sie. Gott hat sich mit einem Seufzen in die Schöpfung gelegt (Röm 8,19).

Für Gott ist richtig, daß sein Sohn aussteigt, damit viele Söhne und Töchter einsteigen. Nicht in sein Geschäft, nein, in seine Familie.

Aber hat Bruder Klaus durch seine Trennung von Frau und Familie nicht sein Wort gebrochen? Gottes Schöpfung in der Urzelle des Lebens zerstört? Sieht er den Menschen im Schöpfungsbild nur isoliert, nicht als Mann und Frau im Austausch? Bedeutet das «Lästigwerden von Frau und Kindern» ein familiäres Versagen? Oder bedeutet die «reinigende Feile» an seinem «einigen Wesen» Gottes Anspruch auf eine geschöpfliche Trennung, die auch Erfüllung wird?

Niklaus suchte den Weg «nicht durch einen billigen äußeren Kompromiß, der jedem etwas gibt und etwas nimmt, er suchte den Konsens, das Einverständnis aller am Konflikt Beteiligten» (Roland Gröbli). Dorotheas Jawort wurde möglich, weil ihr Verzicht sich zum Gleichklang mit des Mannes Drang äußerte, «auf die Lustbarkeit des Lebens zu verzichten». Gott belohnte ihr Opfer, indem er Bruder Klaus zurückrief in die Nähe seiner Gattin, ‹seiner allertreuesten Beraterin› (Hans Salat).

AUS GESPRÄCHEN MIT BRUDER KLAUS

Freude, Mensch zu sein
Aus der Einführung in den Pilgertraktat

Er hatte die Gewohnheit, den Vormittag einsam in Gebet und heiligen Betrachtungen zuzubringen. Nachmittags ließ er sich, wenn der Himmel heiter war, ein wenig von der Sonne bescheinen.

WOE

Der Pilgertraktat, das älteste Druckwerk über Bruder Klaus (um 1487) dürfte auf den Pilger Ulrich zurückgehen, der im Hinblick auf eine diskrete Voraussage des Eremiten ihm gegenüber, daß er im siebzigsten Lebensjahr sterben werde, um diese Zeit Daueraufenthalt bei ihm nahm. Er gilt auch als wahrscheinlicher Begründer des Sachsler Kirchenbuches. Der Pilgertraktat hat zwei Teile: ein Gespräch mit Bruder Klaus, dem die folgenden Texte entnommen sind, und einen ziemlich selbständigen Traktat über die Werke der Barmherzigkeit, bei dem sich das Schreiben gelegentlich auf Bruder Klaus beruft.

In der Fremde besuchte ich die Stätte der Gnade und des Ablasses. Dort fand ich einen Menschen mit Namen Bruder Klaus. Als ich ihn erblickte, freute ich mich von Herzen, denn ich sah in ihm die Wunder Gottes, da er ohne natürliche Speise lebte. Ich begrüßte ihn, und er nahm mich liebevoll auf. Ich redete ihn an: «Lieber Vater, ich möchte mich gern mit euch in Gottes Liebe unterhalten, da unser Herr gesagt: ‹Wo euer zwei in meinem Namen versammelt, da bin ich mitten unter euch!› So möchte der Herr unsre Mitte sein!» Bruder Klaus entgegnete: *«So denn, was hast du von Gottes Liebe zu sagen?»* Zur Antwort gab ich: «Mein Vater, es ist meine Freud und Liebe in Gott, daß er mich als Mensch erschaffen und mir die Gnade gab, ihn zu erkennen, und daß mir seine Gebote geoffenbart sind. Und wollte er mich um meiner Sünden willen verdammen, ich wollte trotzdem nicht, er hätte mich nicht erschaffen. Denn würde seine milde Güte an mir nicht sich erweisen, so würde doch seine wahrhafte Gerechtigkeit an mir offenkundig, da er mich zu Recht straft. Diese Ehre möchte ich meinem Gott nicht entziehen, so sehr liebe ich ihn.» Da sah mich Bruder Klaus an und gab mir einen würdigen Namen, dessen ich nicht wert bin meiner Sünden wegen . . .

Wenn die Zeit des Jüngsten Gerichtes da ist und der Herr in seiner Majestät erscheint, wird er von allen Geschlechtern die sechs Werke *der heiligen Barmherzigkeit* abfordern. Jedem ist einsichtig: Findet Gott diese Werke nicht an uns, so können wir nicht in sein Reich eingehen. Die Gottesliebe ist verhaftet in jene zum Mitmenschen.

Fleißig sollt ihr über den inneren Kreis am Rad nachsinnen und ihn als klaren Spiegel des lebendigen Gottes erfassen, wie mich der liebe Vater, Bruder Klaus, gelehrt hat. In ihm ist unaussprechliche Freude und Wonne, immer und ewig. Dieses göttliche Spiegelbild hat die Gestalt eines *Menschenantlitzes*, unergründlich, einzig auf Gottes Wort hin: Laßt uns den Menschen machen nach unserem Bild und Gleichnis. Mag es auch andere Deutungen geben, Gottes Menschwerdung sagt alles. Auch die Vernunft gibt zu: Wir schauen nichts lieber an als ein harmonisches, sauberes, unverdorbenes Gesicht, einen liebenswerten Menschen. Dies bezeugt das Buch der Natur: Ein jedes Geschöpf freut sich an seinem Ebenbild, an seiner Art.

Nicht minder wird der Gerechte von gewaltiger *Freude* erfüllt, wenn er nach Gott Ausschau hält und ihm im Gottesspiegel ein Menschenantlitz entgegentritt: Er schaut Gott in anderer Gestalt. Was für eine Freude, daß der Schöpfer Himmels und der Erde sein eigen Bildnis trägt. Diese Freude bringt eine andere mit: Einzig die menschliche Kreatur ist Gott gleich gebildet. Eine weitere Freude liegt in des Menschen Fähigkeit, Gott dafür zu danken, daß er keine andere, unvernünftige Gestalt gewählt hat. Dreifache Freude wird also dem Menschen in diesem Bildnis. So wird ihm auch klar, daß Gott kein anderes Geschöpf je mehr hat liebhaben können. Unaussprechliche Freude! Darum soll das Menschenantlitz in die Mitte (der Meditationstafel) gesetzt sein . . .

PI

Er erlaubte zuweilen Frau und Kindern, zu ihm in die Einöde zu kommen, um seine heilsamen Lehren zu vernehmen, auf daß sie, in väterlicher Tradition beraten, ihr Leben schlicht dem göttlichen Dienste weihten. *WOE*

Das Porträt seiner Familie

Der Leutpriester gewahrte Bruder Klausens Frau mit ihrem Sohn. Er kam zu mir und führte mich zu Bruder Klausens Frau und ihrem Sohn. Ich gab ihr und dem Sohn die Hand und bot einen guten Morgen. Seine Frau ist noch eine hübsche junge Frau unter vierzig Jahren mit einem frischen Angesicht und glatter Haut. Ich fragte sie: «Liebe Frau, wie lange ist Bruder Klaus fort von euch?» Sie antwortete: «Dieser Bub da, mein Sohn, wird am Johannistag sieben Jahre alt, und als er dreizehn Wochen alt war . . ., da schied Bruder Klaus von mir und ist seit der Zeit nie mehr bei mir gewesen.» Ich redete noch viel mit der Frau und dem Sohn. Der Junge ist aufrechter Haltung wie Bruder Klaus, er gleicht ihm, als wäre er ihm aus dem Gesicht geschnitten. Ich gab ihm ein Trinkgeld . . .

Bruder Klaus ist ein wohlgebauter Mann in meinem Alter, in seinen besten Tagen, annähernd 50 Jahre alt. Er hat braunes Haar, noch kein graues. Er hat auch ein wohlgebildetes, gut aussehendes Angesicht, etwas schmal, und ist ein schlanker Mann mit aufrechter Haltung und spricht wohlklingend und gut Deutsch. *WA*

WERKE DER BARMHERZIGKEIT

Hungrige speisen – Durstige tränken

Andere hungern, weil wir zu wenig denken. Weil uns der Schöpfungsauftrag auf Verbesserung der weltweiten

Lebensbedingungen wenig anzugehen scheint, sobald sie unsere eigenen Interessen übersteigen. Wir aber sollen den Zugang zu den Erdengütern dem Nächsten erschließen. Jeder Mensch lebt aus der Liebe.

Zugehörige Bibellesung vom Ölkrug: 2 Kön 4,1–7.

> Brich ab etwas deinem leib, das du dester bass mügest ersatten die hungrigen, wann dein himmlischer vatter hat alle ding nichtzweniger dem armen als dem reichen gemessen. *PI*

Willst du, lieber Mitmensch, väterliches Erbteil im ewigen Leben empfangen ..., so geschieht das besonders durch deine Liebe, in der du dein Brot aus den dir anvertrauten Lehen Gottes mit den Armen teilst. Erzählt doch der Herr in der heiligen Frohbotschaft von jenem Knecht, der über seine Verwaltung Rechenschaft abzulegen hatte. Eilends gewährte er seinen Schuldnern Nachlaß mit der Aussicht, nach seiner Absetzung bei ihnen Unterhalt zu finden ... Halte deshalb Abbruch, Einschränkung in deinen leiblichen Bedürfnissen, damit du umso ausgiebiger Hungrigen Sättigung bringst. Hat doch dein himmlischer Vater gleicherweise alle Roh- und Grundstoffe, die uns Speise und Trank liefern, dem Unbemittelten wie dem Begüterten gleichermaßen zugemessen. Besitzesunterschiede sollen unsere gegenseitige Liebe wachsen lassen. *PI*

GEBETE

> ein paternoster zu lob und ehr deren wysheitt, in welcher Gott was, do er alle ding erschaffen hatt und den menschen bildet nach seinem bild. *Das gross Gebett 7.3*

Vor lauter Lust an der Schöpfung, in die Gott eingegangen ist, scheint für viele Zeitgenossen Gott beinahe untergegangen. Moderne Dichter reden prophetisch von der Weltkatastrophe, in welcher nicht mehr der Schöpfer, sondern sein ebenbildliches Geschöpf untergehen könnte. *Max Frisch* schreibt in seiner «chinesischen Mauer» über eine Schöpfung, in der sich die Menschen selber ausgelöscht haben: «. . . Ich sehe unsere Erde, die keine mehr ist, Planet ohne Leben, kreisend in der sturen Finsternis des Alls, ja: von der Sonne beschienen, aber kein Wesen fühlt die Wärme ihrer Strahlen, und tot ist die Grelle ihres Tages . . . und tot sind die Länder, bleich wie der Mond und fruchtlos und kahl . . . Ich sehe die Stätten der Menschheit, die es einst gab, die verlorenen Oasen der Zeit: Griechenland, Italien, Europa! Wie der wandernde Morgen sie erreicht, aber niemand erlebt diesen Morgen, kein Vogel, kein Kind, keine Stimme begrüßt ihn . . .» – Diese neuartige Perspektive läßt uns das Staunen des Mystikers über die Schöpfungswirklichkeit neu überdenken.

Bruder Klaus sieht in der Pilatusvision die bestehenden Naturordnungen der Erde ob der Sünde «einstürzen» und die Menschen «hinfahren» (vgl. das folgende Kapitel). Doch das ist die andere Seite. In seiner positiven Sicht, (Naturbewunderung, Familienleben, Bauerngewerbe, Friedenspolitik . . .) empfindet er das Zusammenspiel Schöpfer-Geschöpf nicht weniger intensiv.

Das große Gebet, das Bruder Klaus mit seinen Zeitgenossen betet, lädt in dieser Form zum Schöpfungslob ein:

Wir danken dem allmächtigen Gott für seine gewaltige Schöpfung, für die Erschaffung des Himmels, der Erde und aller Kreaturen, besonders aber unserer Stammeltern Adam und Eva. Gott ruhte am siebten Tag und heiligte ihn. Es soll uns leid tun, wenn wir die Sonn- und Feiertage entheiligt haben. Gott helfe uns, diese Ruhetage in seinem Geist zu heiligen seiner Satzung gemäß.

- Meditiere dreimal das Vaterunser mit gefalteten Händen.

Wir danken dem allgütigen Gott, daß er Adam und Eva ins Paradies, den schönsten Garten der Welt, gesetzt hat. Zwar hat Gott unseren Stammeltern alle Geschöpfe zum Unterhalt und Vergnügen untergeordnet, ihnen aber die Frucht vom Baum der Erkenntnis des Guten und Bösen verboten.

- Besinne dich drei Vaterunser lang.

Laßt uns in tiefer Demut anbeten die unbegreifliche Liebe Gottes zu uns Menschen: Er hat uns nach seinem Ebenbild geschaffen, auf daß wir in unaussprechlicher Glückseligkeit ewig mit ihm leben sollen. Darum hat er auch jedem von uns einen seiner treuen Engel zum Führer gegeben, der uns auf allen Wegen beschützen soll ...

- Bete drei Vaterunser mit erhobenen Händen.

RATSCHLAG

Kreative Politik

> Das betrachtend yetzund, erkennend, in was lustgartens und paradiyses ir sitzend, wie ir an mir also ein gütigen gott habend, so werdend ir in üwerem land blyben, wie üch ouch min diener bruoder claus riedt. *H. Bullinger 1526*

Robert Durrer vermerkt in seinem monumentalen Quellenwerk, es sei nicht zu übersehen, daß «das *Doppelwesen* des Mystikers und Diplomaten klar zutage trat», indem Bruder Klaus etwa «seine Friedenstheorie, wenn sie mit den Pflichten gegen das Vaterland in Konflikt kam, diesen unterordnete». Auf jeden Fall aber versprach er seine Gebetshilfe, wenn er an die Grenzen des politisch möglichen Einflusses gekommen war.

Der Rat von Konstanz bittet unter dem 25. Januar 1482 Bruder Klaus um Gebet und Vermittlung gegenüber einer nach ihrer Ansicht ungebührlichen und ihrer Schweizerfreunde unrentablen Forderung auf Überlassung einer Landgerichtsbarkeit. Antwort des Bruders Klaus vom 30. Januar 1482:

Der Name Jesu sei Euer Gruß. Ich wünsche Euch viel Gutes und möcht nichts Gutes vollbringen, an dem Ihr nicht teilhaftig wäret. Ich habe Euer Schreiben verstanden. Ich habe auch Eure Bitte im Brief ums Gebet für Euch wohl verstanden. Ich will es tun in guten Treuen, in allem aber geschieht Gottes Wille. Soweit es auf mich ankommt, will ich mit gutem Willen dahin wirken, daß mein Wort den *Frieden* bringen und Euch die Einflußreichen (wol mügent) geneigt mache. Mein Rat ist auch, daß Ihr die Sache gütlich beilegt, denn eine Guttat bringt die andere hervor. Sollte es sich nicht in Freundschaft erledigen lassen, so gelte das strenge Recht. Zu wahrer Urkund habe ich mein eigenes Siegel am Ende des Briefes beisetzen lassen. Gott sei mit Euch. Gegeben am Mittwoch vor dem St.-Blasius-Tag im Jahr des Herrn 82.

Bruder Klaus von Flüe *D*

Der Konstanzer Rat zeigt sich unter dem 19. Februar dankbar erfreut. Er kann bereits auf eine sich abzeichnende Lösung durch die Bernerfreunde hinweisen.

Walter Muschg meint zu den vaterländischen Mahnungen: «Prophezeiungen aus Bruder Klaus' Mund gingen um, manche bis in die moderne Zeit.» Und Dom Helder Càmara veranschaulicht ihre weltpolitische Aktualität in seiner «Symphonie der zwei Welten»:

Die Schwachen
erkennen ihre Stärke und Unbesiegbarkeit in dem Maß,
als sie zusammenhalten und sich vereinen,
nicht um die Rechte der andern
zu treten, sondern nur, um zu verhindern,
daß man ihre grundlegenden Rechte mit Füßen tritt,
Rechte, die kein Geschenk von Regierungen
oder der Mächtigen sind.
Sie sind Geschenk des Schöpfers und Vaters.

Niklaus wollte nicht, daß die Feinde wegen seiner Untätigkeit unverschämt großtun könnten. *WOE*

Tradition

- Macht den Hag oder Zaun der Eidgenossenschaft nicht zu weit, damit ihr desto besser in Ruhe und Frieden lebt.
- Beladet euch nicht mit fremden Angelegenheiten, und bindet euch nicht an fremde Herrschaft.
- Beschirmet euer Vaterland, und bleibt dabei. Ohne wichtigste Ursachen sollt ihr niemanden feindlich und gewalttätig überfallen. Sollte man euch hingegen unterdrücken, so streitet tapfer für eure Freiheit und euer Vaterland.
- Verkauft euer Vaterland nicht um Miete und Gaben, hütet euch. *EI*

Frühzeugnisse

- Viel Künftiges sagte er auch den Eidgenossen voraus, was diesen später begegnete. Unter anderem sagte er ihnen: Wenn ihr in euren Grenzen bleibt, so kann euch niemand überwinden, sondern ihr werdet euren Feinden zu jeder Zeit überlegen und Sieger sein. Wenn ihr aber, von Habsucht und Herrschgier verführt, euer Regiment nach außen zu verbreitern anfangt, wird eure Kraft nicht lange währen. *HA*

2. MENSCHLICHE SCHULD

Der Herr ist bereit, sich gefangennehmen zu lassen. Judas hat ihn verraten, er küßt ihn. Zwei Soldaten nehmen Jesus in ihre Gewalt. Der vordere legt ihm die Schlinge über, der hintere hält seine Hand griffbereit am Degen. Links schwingt Petrus verzweifelt sein Schwert über Malchus, während der Herr gelassen sich anschickt, den Ohrlappen wieder anzuheilen. Die Kette am Boden ist das Symbol, das uns an das Werk der Barmherzigkeit erinnern soll: Gefangene besuchen.

die offenen sünd, die soll man werren

Bernerbrief

Die Erinnerung an Schöpfung und Paradies ist uns Christen nicht denkbar ohne den Schmerz über den Schatten des Sündenfalls. Der heutige Mensch weicht allerdings oft aus. Pfarrer Kurt Marti skizziert die religiöse Situation in der Stadt, in welcher «gott lebt»:

ich suchte
von pontius bis pilatus:
pontius hielt mich
für einen mormonen
pilatus
für einen zeugen jehovas –
beide beriefen sich
auf die Kirchensteuer die sie entrichten
und baten mit nachdruck
in ruhe gelassen zu werden
da niemand wisse was wahr sei[1].

Der mittelalterliche Mensch traute seinen religiösen Wahrheitsvorstellungen und hatte darum ein ungebrochenes Verständnis für die Untreue gegenüber Gott, die sich am Menschen auswirkt. Schon in seinem Weltstand erfährt Bruder Klaus visionär das Selbstzerstörerische in der nicht bestandenen Anfechtung fast grotesk: Ein Pferd, dem er besonders zugetan ist, schnappt seine Seelenblume weg. Die politische Szene hat ihn geheimes Unrecht im Gerichtssaal als schauerliche höllische Feuerlohe schauen lassen. Die Gestalt des Satans, der dem Evangelisten Johannes (13,27) gemäß in des Verräters Herz kam, kann vom Begriff der Sünde nicht abgelöst werden. Bruder Klaus erleidet seine Anfechtung in brutaler Form körperlicher Verunglimpfung, aber auch in

1 *K. Marti:* Gedichte am Rand, Niederteufen, 3. Aufl. 1974.

Gestalt schmeichelnder Heuchelei des Ungeistes im Gewand eines Edelmannes.

Je mehr er zu Gott aufsteigt, desto erschreckender wird ihm die Armut des in Eigennutz sündigen und süchtigen Menschen klar: Er schaut die Sünde als «grausiges Geschwür am Herzen» der Menschen. Das Unstete und Vergängliche des Sünders tritt in Gegensatz zum Bleiben der Wahrheit und ihrer Ordnungen.

Und schreite ich matt unter dem Gesetz deiner Liebe,
doch wie beschwingt in der Sünde:
Lehre mich, strafe mich, züchtige!
Sei nicht so ungnädig, mich gewähren zu lassen![1]

Aber nicht jeder ist schon so reif. Es regt sich der Widerstand: «Muß man sich zwingen lassen? ... Muß man vorgreifen, auch wenn man nicht soweit ist?»[2] Doch reift die Erfahrung:

Wenn ich ein Stück gegangen bin
auf dem Weg deiner Ordnungen ..., dann sehe ich:
Das alles hat nur dann Sinn,
wenn ich mich selbst darin ausdrücke.
Deine Ordnungen sind die leibliche Gestalt für das,
was ich bin, ein sicherer Weg zu dem,
was ich noch nicht bin,
aber sein sollte[3].

Verständlicherweise kreisen mehrere Reimspruchabschnitte um die eindringliche Warnung vor der Selbstzerstörung durch Sünde. Für Bruder Klaus ist Menschenleid weitgehend deren Frucht. Die faule Wurzel wie ihre faule Frucht können nur im Leiden und Sterben des Herrn geheilt werden. Die Proportionen bleiben gewahrt: Die

1 *E. Ginsberg:* Abschied (SVB 554), Zürich 1970, S. 211.
2 *S. Schneider:* denn du bist da. Psalmengebete, Würzburg 1972, S. 73 f.
3 Ebd.

Macht des erlösenden Christus ist immer größer als jene des Verderbenbringers. Auch sakramententheologisch steht der Laie Bruder Klaus Rede und Antwort. Er bekennt sich zur Beichte.

Wie kann der Christ dieser Befreiung durch den Heiland aller Welt dankbar Ausdruck geben? Im Werk der Gefangenenhilfe aller Art. Bruder Klaus hilft uns, die christliche Verankerung unseres Tuns nicht zu vergessen: Es geht um die christliche Seele, nicht um eine fromme Etikette rein humanitärer Bestrebungen. Wichtiger ist es allerdings, daß etwas geschieht, als daß man sich um die Motivationen streitet.

Besonders im Brief an den Rat von Bern kommt die Schau von Anfechtung und Schuld zum Tragen. «Aus Liebe schreibe ich euch mehr!» Der kurze Regentenspiegel will nicht äußere Dämme gegen das Böse aufrichten. Nein, er will in Dankbarkeit für das empfangene Lebensopfer Christi, in dem der Satan entscheidend geschlagen ist, uns an die Macht des Glaubens erinnern, aus aller Schuld in die österliche Vergebung hineinwachsen zu dürfen.

Bruder Klaus kann sich nach eigenem Zeugnis nicht erinnern, daß er «vom Pfade der Gerechtigkeit jemals abgewichen wäre» (Vertrauliche Mitteilung an den Predigermönch). Hier ist nicht Selbstruhm am Werk. In seiner immer wiederkehrenden Begegnung mit dem Priesterfreund realisiert er mit moralischer Entschlossenheit auch seine Grenzen und Schatten. «Dieser Akt ist die unerläßliche Grundlage jeglicher Art von Selbsterkenntnis und begegnet darum in der Regel beträchtlichem Widerstand.»[1] Und da er seine so gewonnene Selbsterkenntnis Gott unterwarf, wurde sie zum Durchgang zu neuer Gotteserkenntnis und zur Unterscheidung der Geister, zur Gabe der Herzenskenntnis.

1 *C. G. Jung*, zit. in: *O. Betz:* Die Welt meditieren, München 1966, S. 139.

nun wohlan, in Gottes Namen. Wie hat mich der Teufel übel behandelt. Doch so wird es Gott zugelassen haben. *KI*

In diesen Visionen geht es um das *eigene Ringen zwischen geistigem Streben und triebhaftem Genuß.*

Ich hab myne cappelle in sancte Marien Magdalenen e(h)re wi(e)hen lassen. *WA*

Lilienvision

... Als er bald darauf (nachdem ihn der Teufel in die Dornen geworfen) auf die Weide ging, um sein Vieh zu besichtigen, setzte er sich auf die Erde und begann nach seiner Gewohnheit von ganzem Herzen zu beten und sich himmlischer Beschauung zu überlassen. Da sah er auf einmal eine glänzende weiße Lilie aus seinem Munde hervorwachsen, sie reichte bis zum Himmel und verbreitete einen wundersamen Wohlgeruch. Wie aber kurz darauf sein Vieh (aus dessen Ertrag er seine ganze Familie ernährte) vorüberzog und er sein Gesicht ein wenig neigte und ein Pferd, das aus den anderen hervorstach, überlegend ins Auge faßte, sah er, wie *die Lilie, die aus seinem Mund hervorging*, sich über das Pferd beugte und *von dem Tier* im Vorübergehen vollständig *weggeschnappt wurde*.

Durch diese Erscheinung belehrt, erkannte er, daß der Reichtum, den man im Himmel anlegt, von denjenigen, die nach Glücksgütern jagen, durchaus nicht gefunden wird, oder daß die himmlischen Güter, wenn sie mit den Sorgen und Kümmernissen dieses Lebens vermengt werden, ersticken müssen gleich dem Samen des göttlichen Wortes, der unter Dornen wächst. *WOE*

Nach Blanke ist zur Zeit des Bruders Klaus auf verschiedenen Bildern in der Schweiz eine Lilie zu sehen, die aus dem Mund des apokalyptischen Menschensohnes hervorgeht (M. L. von Franz, S. 35–38). Blühende oder grünende Pflanzenstäbe kommen als Symbol des gottgewirkten Lebens in der Bibel (Aaronstab) wie in der apokryphen Literatur (Josefslegende) vor. Im Raum Hildisrieden-Sempach (Kanton Luzern) gab es damals im Zusammenhang mit dem Gräberfeld nach der Schlacht wie andernorts Sagen, wonach Lilien aus dem Herzen oder dem Mund von Toten wachsen. Die «Königsblume» ist hier ein Symbol des «geistigen, unbeirrbaren Gottsuchens», während das Pferd nach C. G. Jung die «tierische, instinktive psychische Energie» widerspiegelt.

auch habe ihm (dem Erny Rohrer) Bruder Klaus dick gesagt, wie ihm der Teufel täglich viel zuleide täte, ihn aber unsere liebe Frau allwegen tröste. *KI*

Da der Teufel aber sah, daß Bruder Klaus durch solche unnützen Beleidigungen nicht im geringsten erschüttert wurde, begann er schlauer vorzugehen und nahm die, soviel er es konnte, elegante *Gestalt eines reichgekleideten Edelmannes* auf hohem Rosse an und versuchte ihn mit folgenden Überredungsworten: Es sei für ihn völlig unnütz, außerhalb der menschlichen Gesellschaft ein so einsames und viel zu streng begonnenes Leben zu führen, denn dadurch könne er nicht in die Herrlichkeiten des Paradieses gelangen; wenn er mit ganzer Sehnsucht danach verlange, so sei es nützlicher, sich den Sitten der übrigen Menschen anzupassen. – Er erkannte die Listen des Unflats und befreite sich mit Beistand des allmächtigen Gottes und der unbefleckten Gebärerin sofort von jeder Gefahr. *WOE*

In den folgenden Visionen geht es um die *Einsicht in die zerstörerische Wirkung der Sünde im allgemeinen.*

Kommt der Mensch zu Reu und Beicht, und tut er es nicht mehr, so mag es ihm Gott wohl vergeben. *(An den unbekannten Doktor)*

Brunnenvision (Fragment)

... Als sich Bruder Klaus daselbst (beim spärlich besuchten Brunnen) eine Weile fröhlich aufgehalten hatte, ging er weiter in ein breites Feld. Er fand es besät mit einer Menge Menschen, die von allen Seiten herkamen. Emsig wie Ameisen gingen sie verschiedenen Gewerben nach und *lechzten nach irdischem Gewinn.* Die einen errichteten nämlich einen Zaun und ließen keinen durchpassieren, ohne daß er ihnen eine Kupfermünze gab. Andere bauten eine Brücke über den Fluß und erpreßten von jedem, der darüber ging, den Brückenzoll. Wieder andere standen bereit mit Flöten, Pauken und anderen Musikinstrumenten, spielten aber ihr Stück nicht, bevor sie den Spiellohn ausbezahlt erhalten hatten. Da erkannte er im Geiste, daß die Menschen durch jene Torheit, wonach fast alle in der Welt ihrem eigenen, augenblicklichen Vorteil nachgehen, von dem Zugang zu dem obengenannten Brunnen ferngehalten werden und Schaden leiden. *WOE*

WI kehrt weniger den Eigennutz als die Armut hervor: «Br. Klaus soll im Geiste viele arme Leute gesehen haben, die schwere Arbeit taten, und er verwunderte sich sehr, daß sie so arm waren und doch keiner von ihnen hineinging, um Wasser vom Brunnen zu schöpfen, da sie doch solches wohl hätten tun können und der Brunnen ihnen gemein war» (A. Stöckli, S. 14). Diese schwer arbeitenden Armen sind so oder so Opfer ihrer Kurzsichtigkeit, indem sie das Gnadenangebot Gottes nicht ernst nehmen. Es fehlt ihnen an den Grundlagen: Demut, Liebe, Klugheit. Die Parallele zwischen Renaissance und Moderne ist offensichtlich: Zunahme des Eigenwillens und Verlust des religiösen Innenlebens, hier verbunden mit schwindender Kirchlichkeit.

Feurige Flammen

der Gerechtigkeit allweg bystan
Bernerbrief

Oben ist vermeldet, daß er (Niklaus) auf Bitten und aus Liebe zu Nutz und Frommen der Gemeinde sich hergab, in Rat und Gericht seiner Kirchgemeinde zu sitzen. Und wenn dann an den Schlußverhandlungen zeitweilig etwa durch Gunst oder Mißgunst im Raten oder Urteilen einem Redner unglimpfliche Worte gegen den gemeinen Nutzen oder jemandes Recht entfuhren, sah der fromme Ehrenmann diesen wiederholt *feurige Flammen* in schrecklicher Gestalt zum Munde hinausfahren. Deshalb beschloß er, alle weltliche Ehre und Gewalt zu meiden und auszuschlagen, weil dieselben so streng und untadelig zu handhaben wären. *SA*

Wenn der erste offizielle Biograph WOE diese Vision wie die folgende vom beschämenden Eigennutz nicht bringt, kann der Grund in der Rücksicht auf kompromittierte Richter gesehen werden (Stöckli, S. 27), während zur SA-Zeit (1535) dieses Bedenken in Wegfall kam.

Pilatusvision (Fragment)

Unfried wird zerstoert

Wie er (Bruder Klaus) ihn (den göttlichen Wanderer) so unverdrossen ansah, richtete er (der Wanderer, vgl. viertes Kapitel) seine Augen auf ihn. Da erschienen viele große Wunder: *Der Pilatusberg ging nieder auf das Erdreich* (d. h. duckte sich platt auf die Erde), und ihm (dem Wanderer?) öffnete sich die ganze Welt, daß ihm deuchte, es wäre alle

Sünde offenbar, die in der Welt wäre, und es erschien eine große Menge von Leuten, und hinter den Leuten erschien die Wahrheit, und alle hatten ihr Antlitz von der Wahrheit abgewendet. Und allen erschien am Herzen ein großes Gebresten, wie zwei Fäuste zusammen. Und dieses Gebresten war Eigennutz, der irrt (verführt) die Leute so sehr, daß sie des Mannes Angesicht nicht zu ertragen vermochten, sowenig der Mensch Feuerflammen ertragen mag. Und vor grimmer Angst fuhren sie umher und fuhren zurück, fort mit großem Schimpf und Schande, so daß er sie von weitem hinfahren sah. Und die Wahrheit, die hinter ihrem Rücken erschien, die blieb da (vgl. Kp. 4). *AB*

Die unbeholfene Sprache deutet auf einen mit dem Schrifttum wenig vertrauten Laien. Dagegen ist der Ausdruck anschaulich und die Wortwahl treffend. Das deutet auf unverfälschte und nicht weiter verarbeitete Niederschrift unmittelbarer Mitteilungen aus dem Munde des Heiligen. Eine Tochter des Bruders Klaus hat einen Hansli Onofrius Ambuel aus Engelberg geheiratet, dessen Sippe der Schreiber am ehesten zuzuordnen ist (Stöckli, S. 30). Inhaltlich ist vorab die Beschämung des Eigennutzes durch die Erscheinung der Wahrheit bemerkenswert. Es geht dabei um den ehrwürdigen Greis im würdigen Gewand (WOE). Die an Eigennutz Kranken mochten «des man(n)s angesicht nit erliden». Der Zusammenhang mit dem Leiden Christi ist gewahrt durch die Veränderung des Antlitzes «einer Veronik gelich», was dem Leidensausdruck auf dem Schweißtuch gleichkommt. Der Name von Bruder Klaus ist wie fast immer umgangen, was auf Mitteilung von ihm schließen läßt (Stöckli, S. 27). Der Pilatusberg, etymologisch «mons pilosus», «waldbehaarter Berg», stand damals im Volksbewußtsein unter Pilatus-Legenden. Das Wahrheitsmotiv («Was ist Wahheit?») hat hier seinen Niederschlag gefunden.

REIMSPRÜCHE

O Mensch, Neid und Haß
Sollst du in deinem Herzen nicht tragen
Kummer und Leiden magst du bereitwillig haben
Mensch, du sollst stets sein in Demut
Alle Dinge kehre zum Guten

Denn kenntest du die Sünde dein
Und auch die große höllische Pein
So zweifle ich nicht daran
Es zöge dich von der Liebe Gottes weder Frau noch Mann

Mensch, hättest du alle Ehre und alles Gut
Das der Erdboden je trug oder noch tragen tut
So mag dir doch an deinem letzten End
Nichts anderes helfen oder nutze sein
Als Gottes Marter und bittere Pein
Und die Reue der Sünden dein
Auch so du in ganzer Liebe wirst sein
Darum sollen wir uns der Mutter Gottes
gar treulich ergeben
Daß uns allen ein gutes seliges Ende werde gegeben

Meditationshilfe zum Reimspruch-Abschnitt «Stets sein in demuot»

Zuerst Persönlichkeitsverlust eingestehen

Unsere Sünden haben wir psychologisch zu durchschauen gelernt: als Fehlleistung im schlimmsten Fall, aber niemals als Schuld. Mit dem Verzicht auf frevelndes Werten ging das Werten als solches ein. Wir machen uns vor: Neid ist Kampfansage an den, der ohne Recht mehr besitzt. Und Haß ist Kampfkraft gegen den Rivalen. Stolz empören wir uns gegen das Leid und hegen den Verdacht auf des Nächsten schlimmere Absicht. Wir denken nicht an Entschuldigung.

Es reut uns, einen lieben Menschen zu verlieren, einen guten Job und unseren Einfluß. Aber wir bereuen nicht, daß wir uns selbst verloren, uns selbst nicht zur Reife gebracht haben: daß wir an uns, an Gott und den Menschen schuldig geworden sind: Metalle veredeln wir, Wohnkultur heben wir, Pflanzen pfropfen wir, Abwässer reinigen wir, unsere Leiber entschlacken wir. Nur den Menschen als solchen ruinieren wir.

Wir haben ihn auf eigene Beine gestellt, aus Gottes Herrschaft in die absolute Freiheit entlassen: Er umgehe die Schöpfungsgesetze, wie er will! Er wechsle seine Beziehungen – sooft er will! Er streiche Profite ein – soviel er will! Er vergesse sein Urbild – solange er will! Er manipuliere seine Entfaltung – sosehr er will! Er, der zum Gartenzwerg Gewordene.

In der letzten Bedrohung des Todes wird er vielleicht am erlösenden Scheitern des vollendetsten Menschen, wie der Schächer, seine Demut wiedergewinnen, seine Schuld bereuen. Im Blick auf die Mutter der Gnade. Denn nur in Gottes Erbarmen wächst der Mensch.

Höre, Meister mein, wie konnte deine Pein
so mannigfaltig sein?
Warum ließest du es nicht an weniger genug sein?
Hast du für jene gelitten, die da waren in Pein,
Oder jene, die ihre Nachkommen werden sein?

Gottes Sohn ist am Kreuz gehangen
Und hat all jene erlöst, die da waren gefangen
Er hat am Kreuz geblüht und Frucht getrieben
Und wer der Frucht von Herzen begehrt
Dem wird diese Lebensfrucht auch nicht gewehrt

Die weisen Propheten haben von ihm prophezeit
Vorausgesagt seinen Tod
Dadurch hat er sie erlöst aus großer Not

Gott hat nichts Lieberes als das Menschenleben
Darum hat sich Gottes Sohn an das Kreuz gegeben

Meditationshilfe zum Reimspruch-Abschnitt «An dem creutz geblüet und geberet»

Prophetischer Sinn der gegenwärtigen Leiden

Heute sagt man, Prophetie rede weniger in die Zukunft. Sie rüttle vielmehr die Gegenwart auf: Die Wurzeln der Zukunft stecken in der Gegenwart. Wer die Zeichen der Zeit (Mt 16,3; Lk 12,54) mißversteht, verfehlt auch den Plan der Zukunft. Zum Wesen des Menschen gehört das Leid, für viele sinnlos geworden, Torheit und Ärgernis (1 Kor 1,23).

Ob der geheime Sinn des Leidens nicht neu erschlossen werden kann vom christlichen Büßer? Es gibt keine Not in der Welt von gestern, von heute, von morgen, die das Leiden des Menschensohnes nicht eingeholt hat, die nicht im Leiden Christi mitgelitten wurde: Sein Leiden ist so vielfältig, weil Menschenleid aller Zeit mannigfaltig ist: An Leib und Seele, an Geist und Gemüt, für sich und in Gemeinschaft, Leid über sich selbst und über den Mitmenschen. Bei Erfolg und im Versagen. Ja, schuldig bleiben wir uns (1 Thess 4,9) allezeit Gott und dem Nächsten: Diesen tiefsten Dorn allen Leids zu entwinden, diese peinlichste Schuld zu tilgen vermag nur der Eine. Am Leben spendenden Baum, dem ich eingepfropft bin (Röm 11,24), das Sterben Jesu in mir sterbend (2 Kor 4,10), das Böse auszubluten – dann bin ich frei (Röm 8,12).

Jeder Zeit erwächst vom Kreuzholz neue Frucht. Jede Zeit entdeckt daraus die verborgene Größe des Menschen, angelegt auf seine Auferstehung hin.

Gefangenen ihr Los erleichtern

Wir alle sind mit Schuld behaftet, verachten jedoch Verhaftete! Es müßte jedoch unser Mitleid mit den Sühnenden zum Eingeständnis unserer Gebrechlichkeit werden. Es müßte zur solidarischen Einsicht führen, daß nicht nur in Ländern eigentlicher Verfolgungen ideologischer Art, gesellschaftliche Zwänge auch Unschuldige verurteilen. Erlösung und Freiheit lassen sich nur finden von dem, der sich als Mitgefangener Christi weiß.

Zugehörige Bibeltexte von Jesu Verhaftung (Mt 26,57 u. Joh 18,1–12); vom ägyptischen Josef (Gen 39,7–23 u. 41, 24–45); von der Befreiung der Hebräer aus der Knechtschaft (Ex 3,7–22).

> Hörest oder siehst einen menschen in der gefengcknus und hast über i(h)n erbarmung, mir czweifelt nicht, dich bewegt die gefengcknus unseres lieben herrn. *PI*

Die Kette deutet die Haft und große Angst unseres lieben Herrn Jesus Christus an, der – o Jammer! – gefangen und gebunden wurde, verraten von seinem Jünger, gemein verkauft um dreißig Silberlinge. Willst du sicher gehen, lieber Mitmensch, ob dein Herz und dein Kopf je Mitleid mit deinem Herrgott gehabt hat, dann mach die Probe: Hörst oder siehst du einen Menschen in Gefangenschaft und empfindest du Erbarmen, dann bewegt dich dazu ohne Zweifel ein gutes Stück die Gefangenschaft unseres lieben Herrn ... Willst du der Seligkeit würdig werden, suche zuverlässig die Begegnung mit den Armen in ihrer Haft, wie immer sie heißen mag: Seien es wegen Raubes oder anderer Dinge Verurteilte, wie und auf welche Weise sie nur in Gefangenschaft geraten sind: zu Recht oder unschuldig.

Richte den seiner Freiheit Beraubten auf, er möge nicht verzagen. Vergiß nicht, er ist wie du ein Mensch, Gottes Geschöpf. Du sollst ihn nicht ablehnen, sondern Mitleid mit ihm haben, da er wider Gottes Gebot solche Übeltaten geleistet und sich an der Gesellschaft vergangen hat. Mensch, steh ihm bei, damit er sich in seiner Not richtig realisiert. Wer so handelt, darf zuversichtlich sein ... *PI*

GEBETE

> ein Vatterunser für den fal, in welchen die menschheitt fiel, dass unss Gott gnädigklih verzihe und vergäbe, wo wyr je wider seinen Göttlichen willen gesündigett hand ... dass uns Gott auch wysheitt und gnad verliche, allem dem ze widerston, dass wider den Göttlichen willen und wider unss ist ...
>
> *Das gross Gebett*

Bruder Klaus richtet an Albrecht von Bonstetten, Dekan des Klosters Einsiedeln, die Frage: «Wozu seid ihr hergekommen in die abgelegene Wildnis? Etwa dazu, daß ihr mich armen Sünder sehen könnt?» – Auch als Büßer weiß er sich noch sündig, aber erlöst.

Bruder Klaus meditierte betend das Geheimnis der Schuld und der Erlösung durch Jesus und glaubte zutiefst an das Geheimnis göttlicher Barmherzigkeit.

Unsere Zeit empfindet mit Joseph Kopf: Am Ende spricht Gott sein schönstes Wort für jene, die noch immer vor dem Dornbusch ihre Schuhe lösen, ihre Tränen verbergen, ihre Bitte stammeln: O Herr, o Herr!

Das große Gebet hält u. a. zu diesem Thema fest:

Der erste Fall unserer Stammeltern, Adam und Eva, macht uns traurig, weil sie sich von der Schlange Satans verführen ließen und Gott untreu wurden. Machen wir uns doch Gedanken über die schrecklichen Folgen der Sünde. Unsere ersten Eltern wurden von Gott aus dem Paradies verstoßen; sie und wir, ihre Nachkommen, wurden dem Elend dieser Welt preisgegeben ... Gütiger Gott, wir bitten dich mit reumütigem Herzen, verzeihe uns gnädig die Übertretungen deiner Gebote.

Alle Plagen und alles Elend auf Erden sind Folgen der Sünde. Gott wollte nur das Glück des Menschen. Unter Blitz und Donner gab er dem Mose auf zwei steinernen Tafeln seine zehn Gebote. Das sündige Volk aber machte sich zur gleichen Zeit ein Götzenbild, brachte ihm Opfer dar und umtanzte das Goldene Kalb ... Wir wollen uns bessern und bekehren, so wir etwas mehr lieben sollten als dich!

- Betet drei Vaterunser, sitzend.

Mit Tränen und dankbarem Herzen sollen wir erwägen, wie Jesus sich vom Apostel Judas verraten und um dreißig Silberlinge an die Juden verkaufen ließ. Der Sohn Gottes, den Himmel und Erde nicht bezahlen könnten, wird um schnödes Schmiergeld verkauft! Bitten wir den allmächtigen Gott, damit wir mit dem Beistand des Heiligen Geistes erkennen mögen, ob wir uns versündigt haben an fremdem Gut, durch Betrug, Wucher, Ungerechtigkeit und Lieblosigkeit gegen den Nächsten oder gar durch zu große Liebe zum Geld!

- Betet ein Vaterunser und ein Ave-Maria mit gesenktem Haupt.

Als Petrus dies sah, zog er sein Schwert und hieb einem Knecht des Hohenpriesters das rechte Ohr ab. Da sprach der Heiland zu Petrus: «Stecke dein Schwert in die Scheide! Denn alle, die das Schwert ergreifen, werden durch das Schwert umkommen ...» (Mt 26,52). Jesus Christus, unser Heiland, sprach zum Schächer: «Ich sage dir, heute noch wirst du bei mir im Paradiese sein» (Lk 23,43).

RATSCHLAG

Nicht allen Pilgern war der Zutritt zum Diener Gottes gestattet: denn er sagte, daß viele nicht zur Erbauung, sondern zu ihrem Nachteil, nach Art der Pharisäer die Gelegenheit suchten. Daher floh er jene, deren eitlen Sinn er erkannt hatte. Die übrigen aber, die zum Gespräch zugelassen wurden, begrüßte er heiter, belehrte und ehrte sie. *WOE*

Das Schönste – bedroht und geheilt

Antworten des Bruders Klaus an den unbekannten Doktor

Es kam ein großer, wohlgelehrter Doktor zu Bruder Klaus nach Unterwalden im Ranft, wo dieser zu seinen Lebzeiten ein Heimwesen hatte – es war im Jahre 1479 –, und stellte ihm sieben Fragen, die ihm Bruder Klaus alle beantwortete, wie hernach geschrieben steht.

Zum Ersten fragte ihn der Doktor, was das Edelste und Beste wäre, was Gott dem Menschen gegeben hätte. Bruder Klaus antwortete: «Das ist die Vernunft und die Seele.»

Zum Andern fragte er ihn, woher die Seele gekommen sei. Bruder Klaus antwortete: «Aus dem väterlichen Herzen Gottes.»

Zum Dritten fragte er ihn, was das Höchste sei, was wir Gott geben müßten. Bruder Klaus antwortete: «Das, was er uns gegeben hat.»

Zum Vierten fragte er ihn, wodurch würden wir ihn am besten widerspiegeln? Er antwortete: «Indem wir die Gesetze Gottes halten.»

Zum Fünften fragte er ihn, welches das alleroberste Gebot wäre. Er sprach: «Die Liebe Gottes.»

Zum Sechsten aber fragte er ihn, ob er nicht denke, daß Gott die Sünde bestrafen wolle. Da sprach er: «Wir zweifeln nicht daran, daß Gott die Sünde hier oder dort bestraft.»

Zum Siebten und letzten Mal fragte er ihn, ob er nicht glaube, daß, wenn ein Mensch aller Welt Sünde getan hätte, Gott es ihm vergeben würde. Da sprach er: «Kommt der Mensch zur Reue und zur Beichte (die drei letzten Worte später nach der Reformation durchgestrichen!) und tut er es nicht mehr, so mag es ihm Gott wohl vergeben.»

Handschrift in der Zürcher Zentralbibliothek, Fund: Otto Karrer

Ethik auf dem Hintergrund des Glaubens

> Ich schriben es uech zu einer Vermanung, ob der böss geist jeman darumb aussuchet, dass er desto ritterlicher widerstund?

Der Bernerbrief darf als das bedeutendste freundeidgenössische politisch-ethische Testament gelten, das uns erhalten blieb.

Brief des Bruders Klaus an den Rat von Bern 1482:

Den Ehrwürdigen . . . Der Name Jesus sei Euer Gruß, und wir wünschen Euch viel Gutes, und der Heilige Geist sei Euer letzter Lohn. Ich verdanke Euch aufrichtig und innig die freundliche Gabe, denn ich erkenne dadurch Eure väterliche Liebe, die mich weit mehr erfreute, als die Gabe selbst. Ihr sollt wissen, daß ich sehr wohl zufrieden, und so es mir möglich wäre, Eure Liebe gegen Gott und die Welt zu vergelten, so wäre ich mit gutem Willen bereit, es zu tun.

Der Bote, dem ihr es aufgetragen habt, hat es mir prompt überbracht, laßt ihn Euch empfohlen sein.

Aus Liebe schreibe ich Euch noch mehr. Gehorsam ist die größte Ehre, die es im Himmel und auf Erden gibt. Deshalb sollt Ihr trachten, einander gehorsam zu sein. Und Weisheit ist das Allerliebste, denn sie fängt alle Dinge am besten an.

Friede ist allweg in Gott, denn Gott ist der Friede, und Friede mag nicht zerstört werden, Unfriede aber wird zerstört. Darum sollt Ihr schauen, daß Ihr auf Frieden stellt, Witwen und Waisen beschirmet, wie Ihr es bisher getan habt. Und wessen Glück sich hinieden mehret, der soll Gott dafür dankbar sein, so wird es sich auch im Himmel mehren. Den offenen Sünden soll man wehren und der Gerechtigkeit allwegs beistehen. Ihr sollt auch das Leiden Gottes in Euren Herzen tragen, denn es ist der Menschen größter Trost an seinem letzten Ende. Mancher Mensch ist zweifelhaftig in seinem Glauben, und der Teufel tut manchen Angriff im Glauben und allermeist durch den Glauben. Wir sollen aber darin nicht zweifelhaftig sein, denn er ist so, wie er gesetzt ist. Und ich schreibe Euch dies nicht, weil ich etwa glaube, daß Ihr nicht recht glaubet, ich zweifle nicht daran, daß Ihr gute Christen seid, ich schreibe es Euch zu einer Ermahnung, daß Ihr, wenn der böse Feind Euch anficht, desto ritterlicher widersteht.

Ich schließe. Gott sei mit Euch. Gegeben am Sankt-Barbara-Tag im 82. Jahr. Am Schluß dieses Briefes habe ich mein eigenes Insiegel dazusetzen lassen.

Ich Bruder Klaus von Flüe

Die politischen Briefe an die Räte von Konstanz und Bern wachsen gradlinig aus Klausens Mystik. «Jener Dualismus von Weltflucht und Interesse an weltlichen Fragen, von Politik und Mystik im Wesen des geschichtlichen Bruder Klaus war nichts Gegensätzliches. Es war das natürliche Resultat seines Milieus, seiner Herkunft und persönlichen Entwicklung» (D I IX). Die Sorge um das Staatswohl setzt im Brief an den Rat von Bern als Maximen den gegenseitigen Gehorsam unter Verbündeten voraus, die Weisheit als Nährboden aussichtsreicher Initiativen und ein friedliches Einvernehmen als Schutz vor Zerfall. Zeitgemäße Sozialpolitik, Dankbarkeit für das Wohlergehen und Vorbeuge gegen Ausschreitungen sind praktische Ratschläge. Solche natürlichen Grundsätze müssen aber noch religiös vertieft werden. Darum schließen die Ausführungen des Bernerbriefes mit einer eindringlichen, prophetisch anmutenden Glaubensreflexion.

Ein Jahr nach der Burgunderbeute ist «Glück» im Schatten von Korruption und Gewaltakten auf die Bibel hin zu prüfen (H. Stirnimann 1976, S. 404). Die Habsucht muß zur Mäßigkeit zurückgeführt werden. Der mit Glücksgütern Gesegnete hat mehr Verantwortung für die Welt. Besonders die Abmachungen die Reisläuferei betreffend wurden oft gebrochen, und das brachte Verstimmungen in den Staatenbund.

Das Friedensthema ist zuvor schon im *Konstanzerbrief* hervorgekehrt (S. 52). Im Rahmen von Gottes Willen muß der eigene gute Wille sich Mühe geben. Journet verweist auf die Maxime des Aristoteles, der die Freundschaft zur Erhaltung von Städten und Staaten höher wertet als die Gerechtigkeit. Andere Namen für Frieden heißen nach der Bibel Wohlwollen, Einvernehmen, Freundschaft und Eintracht (vgl. Mich 5,5; Eph 2,14 usw.).

Der Aktualitätsbezug dieser mittelalterlichen Ratschläge zu Terrorismus, Flüchtlingselend, Waffenlieferungen, Folterungen politischer Gefangener, Gruppenherrschaft, aber auch zur grassierenden Lebenslust ist gegeben. Im akutellen Thema des Glaubenszweifels ist die eindrückliche Steigerung zu beachten: «Zweifel – Angriff – Angriff des Widersachers – Angriff durch den Glauben – allermeist durch den Glauben». Nur durch die Anfechtung hindurch wird der Glaube menschlich groß. Der Eremit der «festen Stetigkeit» weiß sich verantwortlich für den Glauben der Mitchristen! Mit der brüderlichen Liebe steht und fällt alles.

Bruder Klaus als Herzenskenner

> Du hast selber schon erfahren, was im Herzen eines habgierigen Menschen vorgeht
> *Bruder Klaus*

Die Hirsauer Annalen 1486 verdanken wie die Spanheimer Chronik ihre Herkunft dem gelehrten Johannes Trithemius (1460–1516), Abt des Klosters Spanheim.

Wir kennen einen Abt unseres Ordens, einen durchaus gelehrten und frommen Mann, der aber zu sehr nach irdischen Dingen strebte, haushälterisch und geizig war. Auf Reisen wollte er, mehr aus Neugier als aus Frömmigkeit, auch diesen Einsiedler sehen. Als Begleiter und Mitvisitator hatte er Abt Konrad von Wiblingen bei sich, einen durch Sitten und Ruf angesehenen und völlig glaubwürdigen Mann, von dem wir diese Tatsache vernommen haben. Als sie zu Bruder Klaus gekommen waren, begann jener Abt ihn mit vielen Reden zu versuchen und über verschiedene Streitfragen der Heiligen Schrift auszufragen, obwohl er wußte, daß jener nicht lesen konnte. Auf alle antwortete der Einsiedler pünktlich, gab sich in allem sehr bescheiden und äußerte kein Zeichen der Ungeduld ... Jener setzte weiter an, in der Absicht, den Sanftmütigen zu reizen, brachte die Rede auf die Habsucht und fragte den Eremiten: «Was ist Geiz?» Jener erwiderte: «Was fragst du mich ungebildeten Habenichts über den Geiz, da du doch als gelehrter und reicher Herr nicht nur besser als ich weißt, was das ist, sondern auch schon selber erfahren hast, was im Herzen des habsüchtigen Menschen vorgeht, als du im Vorjahr aus Spekulationslust 27 Fuder des besten Weines für ein Spottgeld kauftest und dann letztes Jahr mit großem Profit wieder losgeschlagen hast. Aber dein Bischof hat deine Habsucht gestört, und ... er hat wider deinen Willen und trotz deiner Reklamation die ganzen 27 Fuder dir und dem Käufer weggenommen und mit Gewalt in seinen Keller geführt ... Diese Zeichen des Geizes stehen dir auf der Stirn geschrieben, sie wurzeln in deinem Herzen und sind zu deinem Leidwesen offenbar geworden.» *HA*

3. GLEICHKLANG MIT GOTT

Die betende Maria wird vom Engel Gabriel überrascht. Sein Gruß schwingt sich als Schriftband durch den Stubenraum. Der Geist stößt als Taube auf die Magd des Herrn nieder zum Werk, das im Monogramm des Betstuhles angedeutet ist: Aus dem Ave wächst Christus. Gott sucht die kranke Welt heim – so sollen wir die Kranken besuchen. Daran erinnern die Krücken.

wisheit facht alle ding zum besten an
Aus Reimspruch

Bruder Klaus hat Gottes Gruß zur höheren Berufung schon vor seiner Geburt erfahren. Aber erst die schmerzliche Begegnung mit der Sünde in der Welt öffnete sein Wesen vollends zum Überschreiten seiner natürlichen Anlagen. Mit 16 Jahren schaute er im Ranft einen hübschen Turm und verstand nicht seine Bedeutung. Christine Lavant schreibt über den tauben Menschen, zu denen wir uns mit dem jungen Niklaus nur zu oft selber zählen müssen:

Sie wissen, daß sie im Irrtum wohnen,
in einem Schuldturm aus Mißverständnis.
Und es zittert in allem, was sie bezeugen,
die Qual des Verwechselns[1].

Auch Bruder Klaus mußte diese menschliche Grenze durchleiden, «zu hören und nicht zu verstehen» (Mt 13,13 nach Jesaja). Und er mußte die Kosten für seinen geplanten Turmbau errechnen und bezahlen (Lk 14,28). Klausens Herz, daran weise geworden, wagte die Antwort im freudigen Erschrecken über das Angesprochensein, wie es die Dichtung von heute ausdrückt:

Ihr Leben – o du mein Gott –
ihr Leben ist dennoch erfüllt von Verheißung
daß du in ihr Fleisch kommst als dauerndes Wort
und den Schuldturm zum Tempel verwandelst[2].

Seine Treue erwies sich im restlosen Eingehen auf Gottes Willen in der abgeforderten Entäußerung. Für diesen Prozeß bedurfte es stimulierender Vorwürfe vom Himmel,

1 *Ch. Lavant:* Die Bettlerschale, Salzburg 1972, S. 140 (Fragment).
2 Ebd.

aber auch des fröhlich ermutigenden Lachens von seiten des werbenden dreieinigen Gottes. Nur so wurde der schöne schlanke Turm im Ranft Wirklichkeit:

Die Intuition des sechzehnjährigen Jünglings wurde nicht zum Gefängnisturm, sondern zum Tempelturm:

Wir wollen Gottes Willen erkennen,
und wir merken, wie schwer es ist, die Zeichen zu lesen ...
Mit welch ehrfürchtiger Hörbereitschaft haben zu allen Zeiten
die Zeugen gläubigen Lebens auf Gottes Weisung gelauscht.
Manch dunkle Nacht mußte durchschritten werden,
bis die Andeutung eines Winkes kam ...[1]

In den Herbheiten dieses Überganges begleitete und tröstete ihn die Gestalt unserer lieben Frau, von Gott als Verkörperung ewiger Weisheit zum Wahrzeichen in der irdischen Welt aufgerichtet: Wo immer auf ihren Sohn hin gelebt wird, da muntert sie, das Urbild der Kirche, auf und zeigt sich dankbar für unsere treue Gelassenheit, in der die stille Freude keimt.

Im Pilgertraktat erscheint die Geschöpflichkeit des Gottessohnes (vgl. 1. Kap.) als Urmotivation für unsere Sorge am Mitmenschen in den Werken der Barmherzigkeit. Der gleiche Traktat entfaltet ihre Begründung aus der mütterlichen Einfühlung Mariens in die Not der Welt. Im persönlichen Gespräch bekundet Bruder Klaus seine hohe Verehrung für die Magd des Herrn und verrät einen tiefen Sinn für das Wirken Gottes in der Gnade. Das ist eine Frucht seiner gewonnenen Weisheit. Aber ist dieser Begriff «Gnade» der heutigen Welt nicht abhanden gekommen? Haftet nicht zumindest ein demütigender Beigeschmack für viele daran? Für Bruder Klaus noch war «Gnade der wahre Lebenssaft der Welt» (Teilhard de Chardin).

In seiner Spruchweisheit umschreibt er diese Gnade als Erfahrung innerer Sicherheit aus Gottes Wort, als lichtvolle

1 *O. u. F. Betz:* Tastende Gebete, München, 2. Aufl. 1972, S. 118.

Freude, die in unser Gemüt einzieht. Dazu muß des Menschen Wille allerdings aus seiner Sündenverhaftung zur Gleichförmigkeit mit Gottes Absichten heranreifen. Da man den guten Baum an seinen Früchten erkennt (Mt 7,17; 12,33), ermutigt er uns zum Eingehen auf Gottes Willen, woraus freudige Fruchtbarkeit erwächst.

Das Werk der Weltgenesung durch die Ankunft unseres Weltheilandes drängt den begnadeten Menschen zur Sorge an den Kranken. Zu einer Sorge, die nebst dem leiblichen Dienst behutsam versucht, dem Leidenden, Behinderten, Lebensgehemmten die verborgenen Chancen seiner Lebenssituation entdecken zu helfen und als Gnade zu akzeptieren.

Die Chroniken bezeugen, daß das Volk von Klausens Wirken aus dem Heiligen Geist überzeugt war. Im Gespräch mit dem Jüngling von Burgdorf sehen wir ihn als geduldigen, offenherzigen und klugen Weichensteller für die Ganzhingabe eines jungen Menschen in einer zeichenhaften geistlichen Berufung.

«Ich erinnere an Klaus von der Flüe. Nicht als Vereinzelter zog er sich in seine Klause zurück; als Einzelner trat er in den Dienst der vielen. Er schenkte ihnen seine in der Stille und im Gebet gewonnenen Einsichten und seine helfende Liebe ... Den Sinn des Lebens findet, wer Liebe dankbar empfängt und Liebe entschlossen übt. Ist das nicht eine zu simple Antwort? Nein, das ist die ‹einfache› Antwort des Glaubens.»[1]

1 *G. Moser:* Wie finde ich zum Sinn des Lebens, Freiburg i. B., 2. Aufl. 1978, S. 88, 139.

darumb sollen wir uns der muotter Gottes gar trewlich ergeben *Reimspruch*

Es folgen hier die bekannten «Entscheidungs»-Visionen, die Niklaus sichtlich für seine Eremitenberufung zum Durchbruch verhalfen und ihn darin bestärkten.

Lieber Niklaus, ihr führt ein strenges Leben, fürchtet Ihr nicht, daß Ihr irrt oder fehlt? – Wenn ich die Demut habe u. den Glauben, kann es nicht fehlen: *Niklaus an Joh. Geiler von Kaisersberg 1471*

Der hübsche Turm

Bruder Klaus habe ihm (Erni Anderhalden) einmal gesagt, als er 16 Jahre alt gewesen, habe er einen hohen, hübschen Turm an der Stätte gesehen, wo jetzt sein Häuslein und seine Kapelle stehe. Deshalb sei er von Jugend auf stets willens gewesen, die Einsamkeit zu suchen, wie er auch getan. *KI*

Zu dieser Visionsgruppe gehört auch die Vision des 16jährigen vom hohen schönen Turm im Ranft (KI), zumal Lk 14,28 im Zusammenhang mit der Kreuzesnachfolge jenes Gleichnis des Herrn festhält: «Wenn jemand einen Turm bauen will, sitzt er nicht zuvor hin und überschlägt die Kosten, ob er die Voraussetzung habe, ihn auszuführen?» Da Matthias Hattinger, ein «Bruder» der Mutter, als Einsiedler in Wolfenschießen einen ähnlichen Turm bewohnte, entspräche diese Allegorie von Kirche und Maria (C. G. Jung: Psychologische Archetypen, Zürich 1950, S. 298, 300, 307) der sehr konkreten Schauungsweise von Bruder Klaus.

Gott gab ihm Stärke,
nach seinem Willen zu leben. *DS*

Antwort aus der Wolke

Bruder Klaus ging einst auf die Wiese, um zu mähen. Als er im Gehen die göttliche Gnade besonders andächtig anrief, kam ihm Antwort aus einer Wolke, die sich vom Himmel herabsenkte. Er handle töricht, wenn er im Vertrauen auf die eigene Kraft sich dem Willen Gottes nur widerwillig unterziehe, da ja Gott, wie allbekannt, nichts angenehmer sei als eine freiwillige Hingabe. – Durch diese Stimme ermahnt, fing er an, seine häuslichen Geschäfte zurückzustellen und das Himmlische sorgfältig zu erfassen. *WOE*

Vor allen Dingen habent Gott vor Augen und
haltend mit Fleiß sin Gebott. *EI*

Besuch der drei Männer

Drei wohlgewachsene Männer, nach Gewand und Haltung zum adeligen Stand gehörig, kamen zu ihm, während er mit häuslicher Arbeit beschäftigt war. Der erste begann folgenderweise das Gespräch: «Niklaus, willst du dich mit Leib und Seele in unsere Gewalt geben?» Dieser erwiderte sofort: «Niemandem ergebe ich mich als dem allmächtigen Gott, dessen Diener ich mit Seele und Leib zu sein verlange.» Auf diese Antwort wandten sie sich ab und brachen in ein fröhliches Lachen aus. Widerum zu ihm gewandt, sagte der erste: «Wenn du allein in die ewige Knechtschaft Gottes dich versprochen hast, so verheiße ich dir als sicher, daß dich nach Ablauf deines siebzigsten Lebensalters der barmherzige Gott aus Erbarmen über deine Mühen von aller Beschwernis erlösen wird. Darum ermahne ich dich inzwischen zu beharrlicher Ausdauer, und ich werde dir im ewigen Leben die Bärenklaue und die Fahne des siegreichen Heeres geben. Das Kreuz aber, das dich an uns erinnern soll, lasse ich dir zum Tragen zurück.» Darauf entfernten sie sich. Aus diesen Worten erkannte er, wenn er die Bedrängnisse vielfältiger Versuchungen tapfer überwinde, werde er, begleitet von einer großen Heerschar, in die ewige Glorie eingehen. *WOE*

Hegglin bezeichnet diese Vision als erste, in der der bisher erschrocken Schauende eine gelöste Zunge bekommt, «als einer, der sich an das Außergewöhnliche bereits gewöhnt, als einer, dessen religiöses Selbstbewußtsein sich gekräftigt hat» (S. 110). Tatsächlich scheint diese Vision jenes reife freiwillige Eingehen auf Gott in voller Bereitschaft zu verkünden, das bisher mehr Ahnung und Wunsch gewesen ist.

Das Symbol der Bärenklaue deutet Stöckli als Symbol der ausdauernden Kraft und des endlichen Sieges (S. 24). Heilsgeschichtliche Bezüge hat Benoit Lavaud zusammengestellt (S. 46), wobei mehr die dunklen, erschreckenden Seiten Gottes hervortreten (Klgl 3,10). Auch Innerschweizer Volksbräuche, die nordischen Schamanen und ihre Schutzgeist-Tiere werden herbeigezogen. Ob in der Innerschweiz mit Galluspatrozinien nicht auch an den Begleiter des heiligen Gallus, den Bären, gedacht werden kann? Die Übergabe des Kreuzes ist als Auftrag zur christlichen Weiterentwicklung zu verstehen.

Als «Bestätigungsvision» gilt die Umarmung durch die Gottesmutter im Mittelstück der Vision vom Dank für das Mitleiden (5. Kap.).

Zu dieser erquickend menschlichen und christlichen Marienerfahrung meint M. L. von Franz u. a. (S. 35–38):

Bruder Klaus hatte immer ein ganz besonderes Verhältnis zur Gottesmutter. In jener Zeit, als ihn der Teufel stark anfocht, sagt er, es habe ihm «die liebe frow alwegen getröstet», und sie ist ihm auch einmal in der Krone eines Apfelbaumes erschienen, dort, wo heute im Ranft die untere Kapelle steht. Für Bruder Klaus war Maria die irdische Repräsentantin der «Sapientia Dei» (Weisheit Gottes), und er erklärte einmal einem Pilger, Maria sei «die Königin des Himmels und der Erde» ... Diese geheime Identität Mariä mit der Weisheit Gottes begründet für Bruder Klaus deren unbefleckte Empfängnis, für die er eintrat, obwohl sie noch zu seiner Zeit theologisch umstritten war (B. Lavaud, S. 46). Die späteren Entwicklungen des katholischen Dogmas haben alle diese Punkte zugunsten der Ansichten von Bruder Klaus bestätigt.

Mensch, liesest oder hörst du gerne von Gott
Dann liebst du ihn und hältst sein Gebot
Tust du dies nach deinem Vermögen
So stärkt dich die Hoffnung
Jetzt und in den letzten Zügen

O Mensch, glaub kräftig an Gott
Denn in dem Glauben steht die Hoffnung
In der Hoffnung steht die Liebe
In der Liebe steht die Empfindung
In der Empfindung die Überwindung
In der Überwindung steht die Belohnung
In der Belohnung steht deine Krönung
In der Krönung stehen die ewigen Ding
Die man jetzt wiegt gar gering *Vgl. Röm 5,1–5*

Meditationshilfe zum Reimspruch-Abschnitt «Hörest gern sagen von got»

Glaubenssicherheit aus der Erfahrung des Wortes

Viele sind heute unsicher geworden im Glauben. Und darum auch im Handeln: Man weiß nicht mehr, was erlaubt und was verboten ist. Vielleicht meinten wir früher zu sicher, nicht fehlgehen zu können. Der Unsichere und der Selbstsichere sind gefährdet. Nur die Liebe kann helfen.

«Liebe, und dann handle, wie du willst!», hat Augustinus gesagt (vgl. Röm 12; 1 Kor 13).

Die Liebe allein gibt das rechte Empfinden. In ihr reift die Einsicht (vgl. Phil 1,9 f.).

Wissen von außen ist gut: In Glaubenskursen und Gruppengesprächen, in religiöser Erwachsenenbildung und Medieninformationen. Aus Hausbüchereien und seriösen Zeitschriften, aus Predigt und Beichtgespräch. Wissen von innen ist entscheidend: In Stunden der Meditation und in Erfahrung des Leids. In Rosenkranzbeten und Bibellesen, in Naturbetrachtung und Psalmengesang. In der Schau Christi in den Abschiedsreden bei Johannes, in den Einsprechungen des Geistes. Das neue Fragen nach der Bibel, die Neuentdeckung der Mystik, der tröstende Versuch zur inneren Stille, neue Erfahrung mit Meditation und Gebet sind lauter Zeichen der Hoffnung.

Wie die Sonne empfangen hat den Schein
Also hat empfangen die Seele dein
Der ewigen Gottheit Schein

Wenn Gott sich in des Menschen Gemüt gebiert
Dem Himmel, der Erde Freude wird
Es freut sich der Vater auf hohem Thron
Und wird gelobt seiner Herrlichkeit Kron
Wenn sich Gott in des Menschen Gemüte sonnet
Blüht es im Himmel voll Wonne

Mensch, willst du Rosen im ewigen Leben schneiden
So mußt du je die Sünde meiden
Willst du gehen ins ewige Leben
Mußt du der Sünde den Abschied geben
So empfängt deine Seele der Heiligen Schein
Und wohnet Gott mit seiner Gnaden darein.
Amen.

Meditationshilfe zum Reimspruch-Abschnitt «Es frewet sich himel und erd»

Der Urheber der Sonne ist ein Gott der Freude

Man freut sich aufs Wochenende und auf die Ferien, auf Erfolg und Hobby, auf Familie und Freunde, auf gutes Wetter und Sonne, auf warmes Essen und stiebenden Schnee. Man erfreut sich guter Gesundheit, voller Schaffenskraft, eines sonnigen Gemütes, eines tiefen Schlafes und eines fröhlichen Herzens.

Freut man sich auch aus christlichem Glauben? Empfindet man «Evangelium» ohne Bedenken als «Frohbotschaft»? Trotz einiger fordernder Punkte? ... – Christliche Persönlichkeit sollte ein Lächeln Gottes sein. Kann sie doch göttliches Leben ausgießen (Joh 7,38).

Himmel und Erde, die Kulissen unseres Lebens verändern sich, geraten in besseres Licht, beginnen zu faszinieren, wo Gottes Freude (Lk 1,47; Joh 16,24) in sie einbricht. Wo Gottes Trost unser Gemüt ergreift und berauscht.

Doch Lust nach Gott erwacht nur, wo jeglicher Widerstreit gegen sein Lebensgefühl, seinen Rhythmus und seine Harmonie sich aufzugeben bereit ist: wo Gnade und Huld des Herrn daheim sind, wo der Geist wohnt.

Maria, Gottes Werkzeug

Man sagt in diesem Land, daß Bruder Klaus oft und viel bei unserer lieben Frau zu Einsiedeln gesehen wird; aber kein Mensch begegnet ihm unterwegs. *WA*

Maria spielt eine große Rolle in der Bruder-Klaus-Frömmigkeit. Es folgen zwei charakteristische Ausschnitte aus der Feder seines intimen Gesprächspartners:

Und er (Bruder Klaus) hob wiederum an zu reden ... Nun will ich auch sagen von der reinen Magd Maria, die da ist eine Königin Himmels und der Erde, die vorausgesehen wurde durch die göttliche Weisheit. Diese hat sie (Maria) umgeben, sobald Gott ihrer gedachte, daß sie sollte empfangen werden. Darum ist sie im Gedächtnis des höchsten Gottes eher empfangen worden als im Mutterleib. Und die nämliche Gnade ist mit großem Heil eingegangen in diese Vermischung. Darum ist sie rein und zart und unbefleckt. Also ist ausgegangen die Kraft des Allerhöchsten und hat sie umfaßt, und (sie) ist mächtig erfüllt worden vom Heiligen Geist. *PI 1.* Teil (IV.)

Hier (im Ranft) ergab er sich ganz in Gottes Willen. *WOE*

Ich will Maria bitten, daß sie mir armem Sünder diese Gnade verleihe, ihre mächtige Schönheit zu loben. So erinnere ich dich, du reines auserwähltes Gefäß, der würdigen Worte, die du zu deiner lieben Base Elisabet gesprochen, als du sie im Gebirge heimsuchtest und zu ihr mit reichhaltigen Worten sprachst, wie Gott die Armen sättigt, die guten Willens sind (vgl. Magnifikat: Lk 1,46–55).

Deine große Ehre und Herrlichkeit hast du (Maria) durch deine große Liebe verdient, die du zu Gott getragen hast und um deines großen Mitleidens willen mit den Altvätern, die trostlos und einsam in der Gefangenschaft (der Vorhölle) saßen, die großen Hunger und Durst gelitten, ehe ihnen das lebendige Brot zuteil geworden ist, in dem sie gesättigt wurden in ihrem bitteren Hunger und Durst, und mit unaussprechlicher Freude bekleidet. Das hast du, Gottesmutter, in deinem Herzen oft erwogen, wo du die Weissagung Jesajas gar oft gelesen hast und Gott allezeit gebeten ... In dieser lobreichen Botschaft (des Engels) vermögen wir zu verstehen, wie und durch welche Liebe der Mensch den Heiligen Geist empfängt, vorab aus der großen Liebe, die der Mensch zu Gott haben soll. Also vernimmst du, wie die reine Jungfrau Maria mit all ihren Sinnen gleich einem eilenden Bach, der nicht rastet noch ruht, in der Liebe Gottes gewirkt hat und die sieben Werke der heiligen Barmherzigkeit erfüllte. *PI 2.* Teil

WERKE DER BARMHERZIGKEIT

Kranke besuchen

Am Sinn des Leidens grübeln vor allem die Kranken. Kissen schütteln und Medikamente verabreichen allein genügt nicht zu ihrem erstrebenswerten Wohl. Der gesunde Betreuer muß das Leiden als geheimes Gegengewicht zum Bösen in der Welt orten und dem Geprüften helfen, sein Schicksal auf das Leiden unseres Herrn auszurichten, es daran zu messen, daraus die Kräfte zu schöpfen und so zur Vollendung zu kommen. – Zugehöriger Bibeltext vom Schächer am Kreuz: Lk 23, 39–43.

Wir söllen heimsûchen die krancken mit großen fleiß und sy underweisen, das sy sich willigklicher opfern söllen dem allmechtigen got. *PI*

Jetzt setze ich auf diese Speiche des ruhmreichen Rades das Symbol folgender Heimsuchung: Wir wollen fleißig die Kranken heimsuchen. Wir bemühen uns, sie zur Einsicht zu führen, sich bereitwillig dem allmächtigen Gott zur Verfügung zu stellen. Reichtum, zeitliche Ehre, Wohlergehen und andere Lebensqualitäten müssen sie sich entsprechend aus Herz und Sinn schlagen. Besonders mag es ihnen in ihrer Einsamkeit Herzenssache sein, um Vergebung ihrer menschlichen Schuld zu bitten; wer von uns hat denn schon seine Lebenszeit in dieser Welt sinnvoll genug verbracht! *PI*

GEBETE

Ein Ave-Maria zu lob der lutterkeit, in deren Gott erpfangen ward under das rein mägtlich hertz Mariae ... und Jesus den heiligen geist allen reinen und demüetigen menschen senden will, dass Gott erlüchte alle menschen mitt sinen Göttlichen gnaden.

Das gross Gebett

Myconius, Antistes (Vorsteher) des reformierten Basel, schreibt zur Zeit der Reformation über Bruder Klaus: «Wenn er von Gott redete, schien er alle Geheimnisse der Heiligen Schrift zu erfassen» (1519). Ein schönes Zeugnis, angetan, Bruder Klaus in beiden Konfessionen als Vorbild gelten zu lassen. Das zweite Vatikanische Konzil hebt in unseren Tagen die geistige Fruchtbarkeit von Bibelstudium, Meditation und unmittelbarer Gotteserfahrung für die Heiligung des Menschen folgendermaßen hervor:

Die apostolische Überlieferung – welche alles umfaßt, was dem Volke Gottes hilft, ein heiliges Leben zu führen und den Glauben zu mehren – kennt in der Kirche unter dem Einwirken des Heiligen Geistes einen Fortschritt: Es wächst das Verständnis der überlieferten Dinge und Worte durch das Nachsinnen und Studium der Gläubigen, die sie in ihren Herzen erwägen (Lk 2,19.51), durch innere Einsicht, die aus geistlicher Erfahrung stammt, durch die Verkündigung derer, die mit der Nachfolge im Bischofsamt das sichere Charisma der Wahrheit empfangen haben, denn die Kirche strebt im Gang der Jahrhunderte ständig der Fülle der göttlichen Wahrheit entgegen, bis an ihr sich die Verheißungen Gottes erfüllen. Die Aussagen der heiligen Väter bezeugen die Leben spendende Gegenwart dieser Überlieferungen, deren Reichtümer sich in Handel und Wandel der glaubenden und betenden Kirche ergießen.

Konstitution über die Göttliche Offenbarung 7/8

In der Sprache des *großen Gebetes* finden wir z. B. folgende Ansätze:

Der Erzengel Gabriel verkündete der reinsten Jungfrau zu Nazaret den Willen des Herrn Himmels und der Erde. Maria betete Gott in tiefster Demut an, unterwarf sich seinen Beschlüssen und nannte sich bescheiden eine Magd des Herrn. So demütig empfing sie Gottes Sohn, den Herrn und Erlöser der Welt.
• Grüßt die Jungfrau mit einem Ave-Maria mit tief gebeugtem Haupt.

Mit welcher Reinheit und Sehnsucht hat Maria den Sohn Gottes in ihrem jungfräulichen Leib empfangen, und mit welchem stillen Frohlocken hat sie den Herrn getragen, als sie über das Gebirge ging zu ihrer Base Elisabet. Für alle Frauen, die in guter Hoffnung sind, daß sie die Größe des Wunders erkennen, das unter ihrem Herzen geschieht,
• betet drei Ave-Maria mit kreuzweis über der Brust gefalteten Händen.

Maria war untröstlich, als sie auf der Rückreise vom Osterfest ihren zwölfjährigen Jesus vermißte. Voller Angst kehrte sie mit Josef nach Jerusalem zurück, und zu ihrer größten Freude fanden sie ihn als Lehrer unter den Gelehrten im Tempel, wo alle über seine göttliche Weisheit erstaunt waren. Himmlischer Vater, laß uns alles zustoßen, nur daß wir Jesus niemals verlieren.

- Betet drei Ave-Maria in tiefer Verbeugung.

Betrachten wir das verborgene Leben in Nazaret, wie Jesus seinen Eltern untertan war und auch die bescheidenen Werke des Alltags heiligte. Daß auch wir zunehmen «an Alter und Weisheit vor Gott und den Menschen» (Lk 2,52)!

- Betet ein Vaterunser und Ave-Maria.

Nach dem Abendmahl kniete Jesus nieder und bat seinen himmlischen Vater für alle, die in Wahrheit den christlichen Glauben annehmen . . .

- Betet zwei Vaterunser mit gefalteten Händen.

Die Jünger und Freunde Jesu versammelten sich in einem Haus und harrten unter Gebet und Betrachtung während zehn Tagen auf den von Christus versprochenen Heiligen Geist. Am Pfingstfest sandte ihnen unser lieber Herr den Heiligen Geist, der das ganze Haus erfüllte, worin die Jünger saßen; über dem Haupt eines jeden schwebten feurige Zungen. Die Apostel redeten alle Sprachen, wodurch sie viele Juden zum Glauben bekehrten. Der Heilige Geist wird allen gegeben, die getreu die Gebote halten. Auch wir wollen bitten, daß der Heilige Geist uns erleuchte, daß er uns seine sieben heiligen Gaben mitteile, damit wir Gott und auch uns erkennen, uns bekehren und mit aller Kraft das ewige Leben anstreben.

- Betet sieben Vaterunser mit gefalteten Händen.

Jesus Christus versammelte seine Apostel und sandte sie hinaus in alle Welt, allen Völkern die Frohbotschaft zu verkünden, auf daß sie jederzeit als wahre Christen erfunden werden.

- Betet stehend drei Vaterunser mit Glauben.

Berufsberatung durch Bruder Klaus

In der christlichen Lebensmoral war er ein scharfsinniger, sicherer und ganz mit dem heiligen Evangelium übereinstimmender Berater, der durch Wort und Beispiel viele vom Unrecht auf den Pfad eines besseren Lebens brachte; denn er hatte eine besondere Gnade, nicht nur einfache Seelen zu ermahnen, sondern auch die Trauernden und Schwermütigen zu trösten, eine Gnade, die ihm die göttliche Kraft erteilt hatte wegen der allseitigen Reinheit seines Gemütes. *HA*

Das postume Zeugnis des Jünglings aus Burgdorf von 1487 ist eines der wenigen und umso kostbareren Dokumente über die Beratungstätigkeit des Bruders Klaus in Privatangelegenheiten. Der anonyme Verfasser ist vermutlich in den Kartäuserorden eingetreten und schreibt nach dem Tod des Heiligen an seinen leiblichen Bruder; er hält sich an den Wortsinn:

Von meinem Geliebtesten im Herrn Jesu, Bruder Klaus zu Unterwalden, der am Benediktstag 1487 gestorben ist.

Ewiger Segen im Herrn! Geliebter Walther, mein Bruder! In Eurer Frömmigkeit wünscht Ihr, daß ich Euch schreibe, was ich aus dem Mund des Bruders Nikolaus unter der Flüe gehört. Was Ihr begehret, will ich tun . . . Ich wagte nur weniges zu erfragen. Mich tröstet, daß er nach seiner besondern Natur mit solchen viel gesprochen hat, deren Gewohnheit es ist, viel zu fragen. Ich habe das von anderen vernommen.

Da ich also das erste Mal zu ihm kam, tat ich eine einzige Frage, nämlich: Ob es mir erlaubt sei, in dieser Gegend zu verbleiben, um Gott zu dienen, obgleich meine Eltern nichts davon wüßten und ich selber deshalb mit meinem Gewissen nicht im Reinen sei. Der Gottesmann erwiderte kurz: «Wenn du Gott dienen willst, mußt du dich um niemanden kümmern. Wenn du aber hier bleiben wolltest, um gute Tage zu verleben, so bleibst du besser bei den Deinen zu deren Unterstützung.» Von dieser Antwort befriedigt, ging ich davon, ohne ihn in meiner Torheit weder über Gott noch über göttliche Dinge zu befragen.

Unterdessen aber, als ich nach Burgdorf zurückgekommen und bei mir immer häufiger erwogen hatte, welchen Stand ich erwählen wolle, um Gott zu dienen, ging ich wieder dahin zurück ... Da reichte er mir die Hand und sagte: «Willkommen.» Darauf ich: «Willkommen seid Ihr auch mir, wie lange hab ich Eure Ankunft gewünscht», und fügte hinzu: «Ich war vor vielen Tagen bei Euch und fragte, ob es mir erlaubt sei, in dieser Gegend zu bleiben, um Gott zu dienen wider Wissen meiner Eltern, und Ihr habt mir eine Antwort gegeben, die mir genügte. Jetzt aber, entschlossen, in dieser meiner Heimat Gott zu dienen, und von dem vorigen Zweifel befreit, bitte ich um Euern Rat: In welchem Stande soll ich Gott dienen?»

Als er das hörte, setzte er sich auf einen Steinhaufen, und ich setzte mich zu seinen Füßen, und er fragte mich, nach welchem Stande sich mein Gemüt hinneige ... Auf diese Frage verkehrte sich die Rede in meinem Mund, und ich konnte ihm kein Wörtchen von alledem sagen, was ich früher so lange bei mir erwogen und mit Bruder Ulrich abgemacht; ich antwortete dem Fragesteller, indem ich ihm den Stand der Kartäuser oder der Minderbrüder, d. h. der Gürtelherren, vorschlug. (Burgdorf hatte ein Franziskanerkloster.) Was kann ich daraus entnehmen, als daß ich durch seine Anwesenheit von Gott daran gehindert worden bin, von etwas zu sprechen, was mir nicht gut gewesen wäre? Jener aber erwiderte, der Orden der Minderbrüder in

Basel gefalle ihm wohl, «aber ich», sagte er, «könnte nicht in diesem Stande leben, wegen ihrer Unstetigkeit, das heißt, weil sie von Provinz zu Provinz geschickt werden.» Ich entnahm diesen Worten, daß ihm der Orden der Kartäuser besser zusage, wegen deren Seßhaftigkeit. Ich fragte ihn darauf, ob es nicht schade, daß die Kartäuser Eigentum in Gemeinschaft besäßen? Er antwortete: «In welchem Orden du bist, ist es nötig, daß du von Almosen lebst. Wenn aber den Kartäusern aus Almosen schon so viel Besitz zugewachsen, daß es ihnen genügt, so haben sie jetzt eben keinen Almosensammler mehr nötig.» Da legte sich mein Zweifel.

Aufs Neue fragte ich: «Auf welche Weise soll der Mensch das Leiden Christi betrachten? Soll er sich Christum gleichsam in der Gegenwart vor seinen Augen leidend vorstellen und mit ihm leiden, als wenn sein Bruder solches erlitte, oder soll er darüber als an etwas Vergangenes denken, in dem Sinn, daß Christus alles schon überwunden habe und in Herrlichkeit herrscht, und ihn mit Freuden zu dem beglückwünschen, daß er es schon so gut hat und daß alle jene Qualen beendet sind?» Er antwortete: «Nach welcher Art du es machst, so ist es gut.» Und er fügte hinzu: «Denn Gott weiß es zu machen, daß dem Menschen eine Betrachtung so schmeckt, als ob es zum Tanze ginge, und umgekehrt weiß er ihn eine Betrachtung so empfinden zu lassen, als ob er im Kampf streite.» Als er aber vom Tanz sprach, sah ich ihn ein wenig an, als ob ich daran Ärgernis nähme, daß ein solcher Mann vom Tanzen rede. Er bemerkte es alsbald und wiederholte den Ausdruck: «Ja, als solt er an ain dantz gon.»

Weiterhin klagte ich ihm über meine Schwachheit, im Guten zu verharren, daß ich den guten Vorsatz nicht lange festhalte, sondern mich . . . beim ersten Anlaß leicht wieder zum Unerlaubten wende, so daß ich von Gott losgelöst sei, wie vorher. Er antwortete, man müsse rasch wieder aufstehen. Zu meiner Beschämung sagte ich zufällig etwas, was wie Selbstlob geklungen haben mag. Darauf anerkannte er zwar meinen Eifer für Rechtschaffenheit, schränkte jedoch ein: «Nichts Gutes sollst du von dir selber rühmen.» *BJ*

4. WIR SIND NUR GAST AUF ERDEN

Maria kniet neben einem Stallgehäuse vor dem Christkind, für das kein Platz in der Herberge war. Ochs und Esel im Hintergrund erinnern an das Prophetenwort, daß die Menschen den Erlöser nicht kennen. Wandertasche und Stab weisen auf das Werk, Obdachlose aufzunehmen.

es dunckte i(h)n im geist,
es käm ein man(n) in pilgersart *AB*

In unserer irdischen Pilgerschaft ist uns der Ewige entgegengekommen, menschlich entgegengekommen. Wie einen Stachel plagte es den Christen Niklaus, daß Er in Sein Eigentum kam und die Seinen Ihn nicht aufnahmen. Stattdessen standen seine Zeitgenossen im Kriegsdienst um materielle Interessen, fällten Richtersprüche voller Trug und Bestechung, maßten sich ungehörige kirchliche Ansprüche an. Es plagte ihn, daß kein Platz für Ihn in der Eidgenossen Herberge war. Einst im Weltstand war er ausgezogen, um sich für Recht und Frieden des Gottesreiches zu wehren: Als Rottmeister in den Kampf, als Richter ins Gericht, als Vertreter seiner Kirchgenossen ist er in den Prozeß geschritten. Mitunter brach er ekstatisch auf, um seinem Herrn entgegenzugehen. Einst überraschten ihn die Seinen in Verzückung, aufrecht mit dem Rücken an die Wand gelehnt, Blick nach oben, halboffenem Mund und erschreckendem Gesichtsausdruck. Bescheiden erklärte der zu sich Gekommene: «Mine Kind, ich bin zu dorff gsyn!» («Ich habe im Geist meine Freunde besucht oder Geschäfte erledigt» (EI). Es kamen härtere Reisen!

Der heutige Mensch hat Sinn für Mobilität. Eine Dichterin dieses Jahrhunderts sagt:

Es kommen härtere Tage.
Die auf Widerruf gestundete Zeit
wird sichtbar am Horizont.
Bald mußt du den Schuh schnüren
und die Hunde zurückjagen ...[1].

Diese Stunde kam auch für den Flüelibauern. Nachdem er Gottes Forderung klar zu kennen glaubte und nachdem ihn

1 *I. Bachmann:* Die gestundete Zeit, München 1953, S. 16.

die tapfere Frau Dorothee freigegeben hatte, brach er, nicht ohne Vorsorge, aber endgültig auf.

Die nachhaltigste Fahrt war dieser Ausbruch nach Liestal – eine mißglückte Flucht zu den Elsässer Gottesfreunden. Gott griff wie bei Abraham ins Mißverständnis ein. Klaus mußte sich sagen lassen, die Eidgenossen seien im Ausland verhaßt. Er wurde in den Ranft zurückverwiesen: Er sollte in den eigenen Marken Buße tun! Symbolisch brach er von dort immer wieder auf: etwa im Frühjahr zum Musegger Umgang nach Luzern (EI), vermutlich ab und zu ins Kloster Engelberg, und bisweilen nach Maria Einsiedeln (WA).

Doch im Wesentlichen war er seßhaft geworden.

Wer läuft am schnellsten zu Gott? – Der Lahme!
Wie eilt, wie springt, wie stürzt er in Gottes unendlich geöffnete Arme[1]!

Von Jesu Menschwerdung her hat ihm Gott die Optik der Pilgerschaft gewendet. Bruder Klaus lebt mehr und mehr von der Sättigung aus dem Geheimnis, daß Gott bei uns einkehrt:

O Quell der Gnaden, süße Rast, da Christus meines Herzens Gast[2]!

Mit unendlichem Glück erfährt er gleich Abraham den wandernden Himmelspilger in drei Gestalten.

«Daß wir in das ewige leben gan», setzt nach ihm unsere Versenkung ins Leiden Christi, den geistigen Kreuzweg voraus. Wie Blumen am Weg sollen wir in Gottes Marter aufblühn. Wie nahe kommt uns dabei ein heutiges Dichterwort:

1 *E. Ginsberg:* De profundis, in: Abschied. Erinnerungen, Theateraufsätze, Gedichte, Zürich (Arche) 1965.
2 *M.-L. Thurmair* (1943), Katholisches Gesangbuch (CH) 1998, Nr. 144.

Wir gehen
jeder für sich
über den Kopf der Toten
– fast ohne Angst
im Takt unseres Herzens
als seien wir beschützt
solange die Liebe
nicht aussetzt[1].

Von solcher Liebe zeugen die Reimsprüche.

Existenziell pflegt Bruder Klaus aus diesem Warten auf Gott die Annahme der Fremden. «Gott gebe euch einen guten seligen Morgen, ihr lieben Freunde und ihr liebes Volk!» (WA), so charakterisiert schon der erste Reisebericht 1474 seine Gastfreundlichkeit, auch wenn er sich zum Selbstschutz zeitweise vor dem Andrang zurückziehen muß. Und er «ging auf die großen und kleinen Anliegen seiner zahlreichen Besucher ein» (D). «Ein-gehen» sagen wir; diese geistige Bewegung setzt oft mehr Aufbruch voraus, als ein äußerer Weg abfordert.

Zu diesen Pilgern in Not gehörte 1481 Pfarrer Haimo aus Stans. Der vom Gebet getragene Eremitenratschlag in der Ausweglosigkeit der Tagsatzung brachte das Stanserverkommnis zustande und damit eine einzigartig Frieden bringende Weihnachtsfreude über die alte Eidgenossenschaft.

Gottsuchern aus der Fremde gewährte Bruder Klaus Herberge, im Einzelfall Niederlassung in seinem stillen Ranft: «Hospes ut Christus» («Jeder Gast steht an Christi statt»), sagten die Alten. Sie «tauften» die schon im Heidentum hochgehaltene Gastfreundschaft, jenes Werk der Barmherzigkeit, das im Zeitalter der Flüchtlinge und Weltenbummler neue Aktualität bekommen hat.

Die tiefste christliche Konsequenz auf die Ankunft des Herrn bleibt allerdings unsere «Nachfolge Christi» (Mt 16, 24–28; Mk 8,34; Lk 9,23–27), unsere geistige Pilgerschaft (1 Petr 1,17), jenes urchristliche «in die Fußstapfen Christi treten» (1 Petr 2,21). Diese Wandlung nach innen.

1 *H. Domin:* Nur eine Rose als Stütze, Frankfurt/M. 1962, S. 14, Anm. 1 u. 4, zit. in: *K. H. Bloching:* Texte moderner Schriftsteller zur Meditation, Mainz 1973.

> Er wurde ein Nachfolger des milden Gotteslammes, indem er ihm nachfolgen wollte, wohin immer es gehen möge. *WOE*

Nun beginnt die erste der drei großen Visionen, wie sie uns Caspar am Buel überliefert. Wir könnten sie mit früheren (die wir auszugsweise in der Überlieferung der offiziellen Biographen Grundelfingen und Wölflin teils kurz erwähnt haben) im letzten Kapitel zur Darstellung bringen, das besonders der heiligen Dreifaltigkeit zugeordnet ist. Aber der Pilgergedanke ist in ihr schon zu Beginn so stark hervorgekehrt und eigentlich durchgezogen, daß sie sinnvollerweise als Ausgangspunkt dieses Kapitels dienen kann.

Der singende Pilger

Ihn dünkte in seinem Geist, es käme ein Mann in Pilgers Art: Er führte einen Stab in seiner Hand, seinen Hut hatte er so aufgebunden und nach hinten umgekrempt wie einer, der auf die Straße will, und er trug einen Mantel. Und er (Bruder Klaus) erkannte in seinem Geist, der Wanderer käme von Sonnenaufgang oder von der Ferne her. Wiewohl er das nicht sagte, kam er von daher, wo die Sonne im Sommer aufsteht. Und als er zu ihm kam, da stand er vor ihm und sang diese Worte: Alleluja. Und als er anfing zu singen, widerhallte ihm die Stimme, und das Erdreich und alles, was zwischen Himmel und Erde war, unterstützte seine Stimme, wie die kleinen Orgeln (Orgelpfeifen) die großen. Und er (Bruder Klaus) hörte aus einem Ursprung drei vollkommene Worte hervorgehen und sie wieder verschließen in ein Schloß, wie eine Feder sie sehr stark verschließt. Und als er die drei vollkommenen Worte, deren keines das andere berührte, gehört hatte, mochte er doch nicht sprechen denn von einem Wort.

Und als er diesen Gesang vollendet hatte, bat er den Menschen um eine Gabe. Und er (Bruder Klaus) hatte einen Pfennig in der Hand und wußte nicht, woher ihm dieser gekommen war. Und der Wanderer zog den Hut ab und empfing den Pfennig in den Hut. Und der Mensch (Bruder Klaus) hatte nie erkannt, daß es eine so große Ehrwürdigkeit war, eine Gabe in den Hut zu empfangen. Und den Menschen wunderte es sehr, wer er wäre und von wo er käme, und der Wanderer sprach: «Ich komme von da», und weiter wollte er ihm nichts mehr sagen.

Und er (Bruder Klaus) stand vor ihm und sah ihn an. Da hatte er (der Wanderer) sich verwandelt und ließ sich sehen mit unbedecktem Haupt und hatte einen Rock an, der war blau oder graufarben, doch sah er den Mantel nicht mehr, und er war ein so adeliger, wohlgeschaffener Mann, daß er es nicht anders konnte, als ihn mit merklicher Lust und Verlangen anzuschauen. Sein Antlitz war braun, so daß es ihm eine edle Zierde gab. Seine Augen waren schwarz wie der Magnet, seine Glieder waren so wohlgeschaffen, daß dies eine besondere Schönheit an ihm war. Obwohl er in seinen Kleidern steckte, so hinderten ihn die Kleider nicht, seine Glieder zu sehen.

Wie ihn Bruder Klaus so unverdrossen ansah, richtete der Wanderer seine Augen auf ihn. Da erschienen viele große Wunder: Der Pilatusberg ging nieder auf das Erdreich ... (vgl. diesen gerichtsartigen Ausschnitt unter Kap. 2) ... Und die Wahrheit, die hinter ihrem Rücken erschien, die blieb da.

Und sein Antlitz verwandelte sich einer Veronika gleich, und Bruder Klaus hatte ein großes Verlangen, ihn mehr zu schauen. Und er sah ihn wiederum, wie er ihn vorher gesehen hatte, aber seine Kleider waren verwandelt, und er stand vor ihm und war mit einer Bärenhaut bekleidet, mit Hose und Rock. Die Bärenhaut war besprengt mit einer Goldfarbe. Aber er sah und erkannte wohl, daß es eine Bärenhaut war. Die Bärenhaut zierte ihn besonders gut, so daß der Mensch sah und erkannte, daß es eine besondere Zierde an ihm war.

Und wie er vor ihm stand und sich sehen ließ so adelig in der Bärenhaut, da erkannte er (Bruder Klaus), daß er von ihm Abschied nehmen wollte. Er sprach zu ihm: «Wo willst du hin?» Er sprach: «Ich will das Land hinauf.» Und weiter wollte er ihm nichts sagen. Und als er von ihm schied, sah er ihm unverdrossen nach. Da stellte er fest, daß die Bärenhaut an ihm glänzte, minder oder mehr, wie einer, der mit einer wohlgefegten Waffe hantiert, und deren Gleißen man an der Wand sehen kann. Und er dachte, es wäre etwas, was vor ihm verborgen wäre. Und da er (der Wanderer) von ihm weg war, vier Schritte oder beiläufig, da kehrte er sich um und hatte den Hut wieder auf, zog ihn ab und neigte sich gegen ihn und verabschiedete sich von ihm. Da erkannte er an ihm eine solche Liebe, die er zu ihm trug, daß er ganz in sich geschlagen wurde und bekannte, daß er diese Liebe nicht verdiente, daß die Liebe in ihm war. Und er sah in seinem Geist, daß sein (eigenes) Antlitz und seine Augen und sein ganzer Leib so voll minnereicher Demut waren, wie ein Gefäß, das zugefüllt ist mit Honig, so daß kein Tropfen mehr darein mag. Da sah er ihn (den Wanderer) weiterhin nicht mehr. Aber er war so gesättigt von ihm, daß er nichts mehr von ihm begehrte. Es schien ihm, er hätte ihm kundgetan alles, was im Himmel und auf Erden war.

AB

Offensichtlich geht es um eine Gotteserscheinung, in der die drei göttlichen Personen der Reihe nach erscheinen. Gott kommt als Wanderer auf die Erde, um Menschen zu beglücken und von ihnen beglückt zu werden. Der Tenor der Freude, den der ein- und dreistimmige Alleluja-Gesang verbreitet, liegt über dem Ganzen. Es fällt auf, daß die Gottvater-Erscheinung sich offenbart: «Ich komme von da!», was merkwürdig an seine Erscheinung beim brennenden Dornbusch erinnert: «Ich bin da, der ich da bin!» (Ex 3,14). Die Richterrolle, die der herrlich Verwandelte übernimmt, deutet auf den Sohn. Die erneute Verwandlung über das Leidensmotiv in die edle Kraftgestalt des Berserkers (nordisch: einer der sich in Bärengestalt verwandeln kann), der weiterziehen will, offenbart die Liebe des Heiligen Geistes, der mit Süßigkeit sättigt. Dies besagt: Er läßt an Gottes Weisheit so voll teilnehmen, daß alles Begehren aufhört.

Hegglin deutet an, was später *von Franz* im Einzelnen zu den Verwandlungen, zu Gesang, Sättigung, Wonnegefühl usw. ausführt: «Merkwürdigerweise gleicht sein (des Wanderers) Äußeres dem Wotan auf seinen Erdenwanderungen in auffallender Weise. Urreligiöses germanisch-vorchristliches Bewußtsein, geheimnisvoll in der Seele lebend, drängt sich hier zum Vorschein. Wotans Gestalt verflicht sich hier mit der Vorstellung christlichen Gedankengutes zu einer eigentümlichen Einheit. In Wotan war zweifellos etwas von der Vorstellung Gottes, wie sie durch die Uroffenbarung bei den Menschen weiterlebte, lebendig geblieben ... nicht verblaßt und nicht ins Dämonische verkehrt. Wotans Figur hat etwas vom Schimmer des Ur-Göttlichen beibehalten, was der unruhvollen Sehnsucht vorchristlicher germanischer Völkerstämme entgegenkam» (S. 72–90). Mir scheint diese Feststellung auch deshalb aktuell, weil das 2. Vatikanum in seinem Dokument über die nichtchristlichen Religionen ein Urzeugnis von Seiten eines Heiligen erhält: «Die katholische Kirche lehnt nichts von alledem ab, was in diesen Religionen wahr und heilig ist. Mit aufrichtigem Ernst betrachtet sie ... jene Lehren, die ... nicht selten einen Strahl jener Wahrheit erkennen lassen, die alle Menschen erleuchtet» (Nostra aetate 2). Es geht aber nicht um eine Verchristlichung von heidnischen Vorstellungen, sondern um christliche Erfahrung aufgrund naturwüchsiger, teils uralter Vorstellungen. *Lavaud* deutet die Vision rein christologisch als Urbild allen christlichen Wanderns und Reifens (S. 173).

Bruder Klaus sye einist in der meynung vom land gangen, sin wyb, Kind und guot zuo verlassen und sin leben im ellend zou volenden ... Gen Liechtstall zeigte i(h)m ein puor, das(s) er wi(e)der heim und in Ränft gan solt, als er ouch angendz (sofort) fru tette. Er habe gesechen vier heittre liechter vom hymel kommen, zeigende die stat, dahim man i(h)m ein wonung und ein Cappel büwen sollte nach siner offenbarung. *KI (Erny Rohrer)*

Lichtervision

Nachdem er Frau und Kinder und das ganze Hauswesen verlassen hatte, rüstete er sich zur weiten Reise, um nicht nur außerhalb seiner engeren Heimat, sondern der Grenzen des Schweizer Gebietes überhaupt, in ferner Fremde eine Unterkunft zu suchen ... Der Bauer im Baselbiet billigte das Vorhaben als fromm und gerecht, versicherte aber, daß die Ausführung weniger wohl überlegt sei, und zwar aus dem gewichtigen Grund, weil er aus der Eidgenossenschaft stamme, welche den vielen fremden Nationen nicht wenig verhaßt sei. Viel besser wäre es und sicherer, in der Heimat sich nach einem Zufluchtsort umzusehen, als von Fremden als ein Flüchtling gehalten zu werden. Durch diese überzeugenden Gründe schwankend gemacht, verließ er noch denselben Abend den Bauern und übernachtete in einem nahen Felde unter einer Hecke. Als er kurze Zeit geschlummert hatte, umleuchtete plötzlich ein Strahl vom Himmel den Mann, der dabei einen Schmerz empfand, nicht anders, als ob ihm mit einem Messer der Leib aufgeschnitten wäre, und wie von einem Seil gezogen, mahnte es ihn, in die Heimat zurückzukehren. Beim Morgengrauen fortwandernd, nahm er den Weg unter die Füße, von woher er gekommen ..., und ging direkten Schrittes in sein Gut in Melchtal. Hier verweilte er in einem dichten Dorngesträuch acht Tage lang ohne Speise und Trank, ohne daß jemand von ihm wußte ... Weil ein großer Zulauf der Landleute zu jenem Ort stattfand und er sich durch den Lärm stets mehr belästigt fühlte, begann er im selben Tal, entferntere und unzugänglichere Einsamkeiten zu suchen. Als er lange Zeit viele Klüfte und grausige Schluchten durchwandert hatte, sah er vier Lichtstrahlen in Form brennender Kerzen in jene Partie des Tales, die man Ranft nennt, hinabsteigen. Dadurch wurde er belehrt und erkannte, daß dort der Ort sei, der für einen zur Lobpreisung Gottes bestimmten Aufenthalt sich eigne. *WOE*

Die vier Lichter, welche Bruder Klaus sich wie Kerzen auf jenen Ort im Ranft niedersenken sah (vgl. D 540, 429, 463), stehen wahrscheinlich (M. L. von Franz, S. 35–38) mit dem Lichterschein im Zusammenhang, der ihn bei Liestal traf (KI) und ihm die innere Verwundung beibrachte mit anhebender Nahrungslosigkeit. Sie binden ihn an den Ort in der Heimat. Es ist eine der seltensten und vielleicht bewundernswertesten Eigenschaften des Bruders Klaus, daß der Selbständige in Momenten entscheidender Gefahr sich an einen unbekannten Bauern wendet und sich buchstäblich in größter Einfachheit der Wirklichkeit unterwarf, daß die Eidgenossen damals wegen rechtloser Übergriffe außer Landes unbeliebt waren. «In solchen Augenblicken erscheint an ihm eine göttliche Eigenschaft ... Die Fähigkeit der völligen Einfachheit und Spontaneität des Handelns aus der inneren Ganzheit heraus» (ebd., S. 46).

REIMSPRÜCHE

Wie soll ich nun in Weisheit stehn
Da ich solche Gnad von Gott empfange?
Mensch, zu Gott sollst du haben ein gutes Vertrauen
Sollst bitten um stete Reu
Auch um seine gute Erkenntnis
daß dir werde bekannt
Der als ewiger Gott ist benannt

Ach Gott, wie wonnig du dich sehnst
Daß die allerliebste Seele
Mit deiner Gottheit sich bekleid, vermähle

Ist nun die Freud größer in meinem Gemüte
Oder ist sie größer in Gottes Güte?
Gott trägt nach der Seele innig Verlangen
Er schafft in ihr vielfältige Freude
O Mensch, wie würde dir Gott auch nur bekannt
Wo nicht seine Liebe
vom Himmel dir würde gesandt?

Meditationshilfe zum Reimspruch-Abschnitt «Wie könt dir gott bass werden bekant?»

Gott abwesend – oder anwesend?

Viele sagen, Gott sei tot. Aber sie fliehen vor ihm in Angst vor Verantwortung, in Gewissensbissen, im Ausschauen nach Treue und Trost. Ist man vor einem Toten auf der Flucht? Der Christ erfährt in Untreue, in Angst vor Verantwortung, in Gewissensbissen und Sehnsucht: Dem, der mit Vertrauen betet, fällt es über kurz oder lang wie Schuppen von den Augen (Apg 9,18).

Nein, der Christ taugt nicht für die Flucht vor Gott. Der Christ ist ein Liebender. Daher ein Ahnender und Wissender. Er erfährt ab und zu Gottes Nähe. Mit Erschrecken und mit Faszination: Man kommt nicht mehr los von ihm. Weil er lebt und uns liebhat.

Sein liebendes Verlangen nach dem Spiel mit uns Menschen läßt uns erschauern in Freude, bis das Herz springt: Ein Kind kann Vater und Mutter nicht verleugnen. Der

Partner nicht den Partner: Gott ist uns in Gesicht und Gang, in Herz und Atem geschrieben. Hält mein Herz die Wonne aus? Gott ist größer als unser Herz (1 Joh 3,20): Größer ist seine Wonne.

Der Liebende gibt niemals auf. Kommt immer zu neuen Einfällen, bis er gewonnen hat. Erweckt Gott daher so vielfältige Freude in uns? Wie aber könnten uns die Augen aufgehen für Gott, wenn uns nicht sein Pochen, sein Anruf, seine Freude erweckte?

Ach Gott, ich muß dir das klagen
Daß ich das Kreuz nicht willig mag tragen
Wer ist es, der seine Weisheit kann nennen
Und Gottes Wunder vermöcht zu erkennen
Gott hat gelitten weder zuwenig noch zuviel
Als wir all dessen bedürftig sind
Mensch, gedenk der Blümlein klar
Wie diese blühn auf der Erde Plan
So sollst du blühn in Gottes Marter zart

Gottes Marter und bittere Pein
Wie mußte sie nur so mannigfach sein
Das ist uns geschehen, damit es uns tröste
Wie Gott den armen Sünder erlöste

Gottes Marter und bittere Pein
Müssen Sprosse und Stufe sein
Nur durch sie ist uns gegeben
Eingang in das ewige Leben

Meditationshilfe zum Reimspruch-Abschnitt «Blüen in gottes marter zart»

Geht es uns besser mit den Schmerzstillern?

«Ohne Kreuz und Leid wird kein Mensch gescheit!», sagten die Alten. Wir aber sind daran, Schmerz und Leid unter Kontrolle zu bringen. Wir steigern die Lebensqualität und versichern uns gegen Leid, Unfall und Tod: Unsere Bahn sei risikofrei! Aber mit Unbehagen gewahrt man: Raffiniertheit höhlt die Natur aus und schwächt unser Leben: Wer die Fähigkeit verliert, mit leidvollen Erfahrungen aktiv und positiv umzugehen, verpaßt die Weisheit des Lebens, seine Wege versanden. Wir treiben an der Oberfläche und wähnen das Wohlergehen als das Normalste. Wir haben das Glück im Griff – bis Bedrohung, Schmerz und Leid hereinbrechen, wie wir es täglich in der Zeitung lesen, am Radio hören, uns darüber im Fernsehen informieren lassen. Aber wir glauben nur halb, daß auch unsere Straßen eines Tages überspült sind.

Dann bin ich der Gequälte, den ich alle Tage stumpf ansah. Dann suche ich den Tröster, den ich ein wenig spielte. Dann bin ich der Erschrockene, der noch einen Rest Hoffnung in sich hat: Vielleicht macht Gott alles gut! Dann werde ich fassen, daß wir alle einen brauchen, der uns versteht, der uns ja sagen lehrt, wo unsere breite Straße zum schmalen Kreuzweg geworden ist.

Ging deshalb der Meister im Leiden voraus? Wollte er deshalb an der Krippe erschrockene Hirten und geprüfte Könige haben? Man sagt, seine Stärkung am Ölberg lag im Ahnen um zartes Mitgefühl mancher Erlöster. Ewige Lebensqualität blüht wohl erst dort, wo die Lust der Liebe weise geworden ist, wo sie zur Glaubwürdigkeit reift, sich willig der Last des Leides beugt.

Fremde beherbergen

Unser Jahrhundert ist ein Jahrhundert der Flüchtlinge und der Heimatlosen. Wir legen Wert auf raffinierte Wohnkultur! Der Herr, nach dem wir uns «Christen» nennen, stieg aus seiner Herrlichkeit aus und hatte hinterher nichts, worauf er sein Haupt legen konnte. Aber er schuf Heimat allen Bedrängten. Möchten wir da nicht bewußt Heimstatt anbieten?

Zugehörige Bibeltexte: Ausgestoßensein Jesu (Lk 2,3–7); Gastfreundschaft Lots (Gen 19,1.29).

> Erkenn, ob du dem ellenden entgegen seiest gegangen und hast i(h)n heimgefueret under dein dach. So zweifelt mir nicht, du hast gedacht des großen ellendes, daz Maria gehabt hat mit irem trauten sun, der ist abgestigen.
>
> *PI*

So stell ich die Frage, ob der Mensch in voller Erkenntnis je einmal sich den (aus der Menschwerdung bedingten) Lebenslauf unseres Herrn aus inniger Liebe überlegt und vollzogen habe. Dabei werde dir klar, ob du dich dem Fremdling gegenüber entgegenkommend gezeigt und ihn unter dein Dach heimgeführt hast. – Zweifelsohne hast du dabei an Jesu und Marias Ausgestoßensein gedacht . . . All dein Besitz ist ja sein Eigen. Hast du Mitleid mit einem Fremden, dann regt sich der Dien-Mut in deinem Herzen . . . *PI*

Ein Vaterunser, als Gott der Vatter sinen geliebten sun zu uns in dieses jammerthal schickt ... dem Göttlichen liecht, das do erschin in diese wält, als unser Herr und Gott geboren ward in dise wält, dass uns Gott erlücht nach sinem willen.

Das gross Gebett 12.17

Im Kirchenbuch von Sachseln, das im Jahr 1488 Zeugnisse über Bruder Klaus sammelte, bezeugt Fähnrich Walter von Flüe: «Bruder Klaus habe ihm gesagt, daß er einmal mähen gehen wollte, und unterwegs hätte er Gott um die Gnade gebeten, daß er ihm ein andächtiges Leben gebe.» Bei einem Christen passieren viele Dinge unterwegs. Mehr als früher ist unsere Welt mobil geworden. Nicht nur wegen der zahlreichen Flüchtlinge. Die Volksbewegung der internationalen Touristik und des Wochenendverkehrs, die Massierung der Geschäftsreisen und der Arbeitspendler gehen zum wieder anschwellenden Pilgerverkehr parallel. Gerade der Christ hat die Aufgabe, Christus, den Weg, unter die Füße zu nehmen. Er steht in der «Nachfolge». Aber es entspricht dem Bedürfnis des heutigen Menschen, der auch Verantwortung nur noch in Gemeinschaft tragen will, was ein moderner Seelsorger in sein Tauflied einbringt:

Kein Paradies können wir dir geben
in dieser Welt, kleines Menschenkind ...
Aber die Menschen
aus deiner Gemeinde,
sie gehen mit dir[1].

1 *L. Zenetti:* Texte der Zuversicht, München, 2. Aufl. 1973, S. 244 (Fragment).

Im *großen Gebet* finden wir folgende Spuren:

Die lieben Altväter lebten gerecht und fromm vor dem Herrn und riefen immer wieder zu Gott um Gnade und Barmherzigkeit. Der Herr erhörte ihr Flehen und erbarmte sich des Menschengeschlechtes; um uns von dem ewigen Tod zu erlösen, beschloß er, seinen eigenen Sohn auf die Welt zu senden.

• Betet drei Vaterunser mit gefalteten Händen.

Als der Sohn des Allerhöchsten in einem Stall zu Betlehem geboren wurde, erstrahlte das Licht des Herrn über die ganze Erde. Maria, die Gottesmutter, wickelte das Kind in Windeln und legte es in eine Krippe. Die Engel verkünden das ewige Wort und fordern Himmel und Erde zur Freude auf: «Ehre sei Gott in der Höhe und Friede den Menschen auf Erden, die eines guten Willens sind!» Herr, mache uns zu Menschen guten Willens und laß deinen lieben Sohn auch in unseren Herzen zur Welt kommen! Schenke der ganzen Christenheit deinen Frieden!

• Betet ein Vaterunser und ein Ave-Maria mit erhobenen Händen.

Als Herodes befahl, alle Knäblein unter zwei Jahren zu töten, nahm Josef das Kind und seine Mutter und floh mit ihnen nach Ägypten. Wer kann sich die Armut und die Bedrückung vorstellen, die die heilige Familie in diesem fremden Land erdulden mußte? Herr, gib uns die Kraft und den Mut, daß wir wie Josef auch in der Verfolgung zu Jesus halten und seine Sache zur unseren machen.

• Betet drei Vaterunser mit erhobenen Händen.

Als Jesus aus der Wüste kam, wählte er sich zwölf Apostel und zweiundsiebzig Jünger aus, unterrichtete sie im wahren Glauben, lehrte sie die Gebote halten und zeigte ihnen den Weg, der zum ewigen Leben führt. Herr, rufe uns in deine Nachfolge und laß uns deine treuen Jünger werden. Wir danken unserem lieben Herrn, daß er uns voranging und uns unterwies, mild und demütig von Herzen zu sein ...

- Betet drei Vaterunser mit gefalteten Händen.

Betrachten wir unseren lieben Heiland, wie er am Hohen Donnerstag mit seinen Jüngern das Osterlamm aß. Nach dem Abendmahl wusch er seinen Jüngern die Füße und sprach: «Denn ein Beispiel gab ich euch, damit so, wie ich euch tat, auch ihr tut.»

- Betet zwei Vaterunser.

Nachdem nun der Messias von dieser Welt geschieden war, Tod und Marter überwunden, seinen himmlischen Vater versöhnt und so das ganze Menschengeschlecht vom ewigen Tod erlöst hat, stieg seine Seele in die Vorhölle und erlöste daraus alle, die in ihrem Leben den Willen Gottes getan hatten.

- Betet drei Vaterunser mit ausgespannten Armen.

RATSCHLAG

Begrüßung der Pilger durch Bruder Klaus: Got gebe uch eynen guten seligen morgen, i(h)r lieben frunde und i(h)r liebes volgk! *WA*

Das Stanser Verkommnis als Weihnachtsbotschaft

Verschiedene Dokumente berichten vom glücklichen Echo des Stanser Verkommnisses. Davon zwei Beispiele:

Herr Heini am Grund verstand und merkte so viel, daß nichts anderes als Krieg werden sollte. In der Nacht stand er auf und verfügte sich schnell zu Bruder Klaus und legte ihm die Dinge vor ... Als man (in Stans am anderen Tag) gegessen und ab wolt scheiden, da kam Herr Heini schweißgebadet von Bruder Klaus her gelaufen, sprang allenthalben in die Wirtshäuser, bat die Gesandten mit Tränen in den Augen, sich um Gottes und Bruder Klausens willen wieder zusammenzufügen und Bruder Klausens Rat und Meinung zu vernehmen. Das geschah denn auch. Was er aber überbrachte, ward nicht jedermann ausgeplaudert; es war Herr Heini von Bruder Klaus geboten, es niemandem als den Tagsatzungsherren kundzutun. Und also gab Gott das Glück, wie bös die Sache vormittags war, ward sie doch von dieser Botschaft viel besser, und in einer Stund war sie ganz und gar gerichtet und abgetan ... *DS*

Nid e Schritt vom Ranft ewäg ... Das het äbe villicht e so müesse sy – wär er sälber ga Stans abegange, so wär weiss, hätt er vo sim Eigete derzueta, und de wär ihm 's Wunder vergrate.
Rudolf von Tavel

Bruder Klaus hat wohl gewirkt und ich wohl gehandelt: Es ist große Freud in allen Landen mit Freudenläuten und Singen der Einhelligkeit. Und es möcht wohl gut sein, Ihr ließet das auch verkünden, Gott loben und freudläuten und singen wegen der Einigkeit und des Bundes, wo in der ganzen Eidgenossenschaft gemacht ist, denn allüberall hat man das Freudengeläute gehalten und gesungen. Ich reise heute sofort nach Kempten, im Namen der ganzen Eidgenossenschaft. Was ich weiß, daß es Euch nützlich und gut sei, will ich allzeit fördern und Euch wissen lassen, was zu tun. Der allmächtige Gott verleihe Euch ein gut selig Jahr.
Hans von Stall an den Rat von Mühlhausen

Aufnahme eines Pilgers als Weggefährten

Oft enthüllte er der Umgebung, daß gewisse aus weiter Ferne kommende Pilger zu der und der Stunde eintreffen würden. WOE

Heinrich von Gundelfingen beleuchtet anschaulich die liebenswürdige, bescheidene und von Menschenkenntnis erfüllte Art, wie Bruder Klaus mit Gesinnungsgenossen umzugehen wußte. Zu bedenken auch, daß er einen Ausländer so aufnimmt!

... Wie bewundernswert des Niklaus große Enthaltsamkeit war und wie tatkräftig sie in dem damaligen, durch Mißgunst der Zeit und Unansprechbarkeit der Menschen hervorgerufenen Niedergang des eremitischen Lebens wirkte, kann niemand verkennen. Bald hatte sie den Erfolg, einen gewissen Edelmann aus Noricum (das südlich der Donau gelegene Österreich) namens Ulrich ihm zuzuführen. Dieser hatte von des Waldbruders Niklaus unbescholtenem und strengem Bußleben gehört, wurde vom Verlangen erfaßt, ihn zu sehen. Durch den evangelischen Anspruch: «Die Besitzlosen werden alles besitzen», bewogen, verließ er um Christi willen seine Blutsfreunde und reiste zur Einsiedelei des Bruders Klaus. Von diesem freundlich empfangen, erzählte dieser Ulrich auf Befragen hin: Andauernde Unannehmlichkeiten, die er in dieser schlüpfrigen Welt ertragen, und frommer Eifer seien die Ursache seines Kommens. Vom Verlangen getrieben, ihn zu sehen, sei er in dieses unwegsame, tiefe Tal gelangt. Noch nie habe er einen im Einsiedlerstand und in der Enthaltsamkeit so vollendeten Eremiten getroffen. Durch Wälder, Forste und unwegsame Gebiete hätte er ihn gesucht, um bei ihm die Zuflucht seines Lebens und die Rettung seiner Seele zu finden. Eindrücklich schilderte er, wie in der Welt alles mies, traurig, verächtlich, brutal, blutig, barbarisch, ja teuflisch wäre, und wie das ganze Menschengeschlecht eine unverschämte pestilenzische Bande sei. Niklaus habe ihm im Gespräch so augenscheinliche Zeugnisse seiner Tugend und Zeichen seiner Liebe erwiesen und seine Bewunderung sei unterdessen dermaßen gestiegen, daß er anerkenne, in der Schar der Einsiedler habe er keinen so milden, frommen, rechtschaffenen und mit dem eremitischen Geist Begabten gefunden.

Als Niklaus solche Worte Ulrichs hörte, bat er bescheiden, ihn zu Lebzeiten nicht mit so übertriebenen Lobsprüchen zu rühmen, sondern die Würdigung der Verdienste seiner Frömmigkeit bis nach seinem Tod zu verschieben, damit die Überschwänglichkeit ihm, dem Lobspender, nicht schade, noch ihn, den Gelobten, verführe. Er solle dann einmal nach überstandener Gefahr loben, nicht jetzt einen Niklaus, der noch auf irdischen Wogen schaukle, nein, jenen, der den Hafen erreicht und zum Triumph geführt worden sei. Erfreulich sei es, fuhr er fort, wenn solche Frömmigkeit mit religiöser Liebe bewundert werde, das eremitische Leben lobreich verkündet und seine Lebensweise nachahmt, wenn es endlich den Eremiten selbst glücklich macht, sich den Mühen und Rauheiten des Eremitenstandes zu unterziehen.

Als Ulrich derlei Aussprüche von Niklaus vernommen hatte, versprach er sich in alle Härten des Einsiedlerstandes, mit der einzigen Ausnahme, daß er sich nicht von aller menschlichen Speise enthielt ... Etwa in Pfeilschußweite von der Zelle des Niklaus baute er sich ein Bruderhäuschen. *GU*

5. MIT CHRISTUS LEIDEN UND STERBEN

Zermartert hängt Jesus am Kreuzholz. Die Bodensenke im Hintergrund betont sein Hängen zwischen Himmel und Erde. Der Himmel verdunkelt sich rechts und löscht die Sonne aus. Sein Leibrock zu Füßen des Kreuzes erinnert an die Forderung, Nackte zu kleiden.

daz liden gots in uwren hertzen tragen.
bernerbrief

Die visionäre zweite und dritte Schauung des Bruders Klaus nach Caspar am Buel überfällt ihn im Gefolge nächtlicher Betrachtung des Herrenleidens. Ernst Schnydrig erzählt mit einem Seitenblick auf ein Seminar für Altenbetreuung, wo der Tod in keinem Referat erwähnt wurde und nur vom «Fitmachen» die Rede war: «Jawohl, danke, man soll mich möglichst fit halten, damit ich nach dem Leben dann auch den dazugehörigen schicksalhaften Tod abschmecken kann!»[1] Bruder Klaus hat seinen Tod «abgeschmeckt», fähig dazu geworden in seinen jahrelangen täglichen Leiden-Christi-Betrachtungen. Die neue Literatur hat das Sterbeproblem frisch entdeckt, und es gibt Krankenhäuser mit geschultem Personal für weitere und nähere Sterbehilfe. Das Ableben wird wieder als vollbewußter menschlicher Akt angestrebt. «Wie sollt ihr das Geheimnis des Todes entdekken, so ihr nicht danach forscht im Herzen des Lebens ... In der Tiefe eures Hoffens und Wollens liegt euer stillschweigendes Wissen um das Jenseits», sagt Khalil Gibran zum Problem von Leiden und Tod in unserer Zeit[2]. Er fügt hinzu: «Was bedeutet Sterben anderes als nackt im Winde stehen und in der Sonne zerfließen.» Bruder Klaus rät uns, in die persönliche Begegnung mit dem leidenden und sterbenden Meister zu treten.

Klaus hat sich von allem entblößt, hat sich allen Winden ausgesetzt, ist vor dem österlich Sterbenden in der Sonne jener gewaltigen Lichterscheinung zerflossen. In originaler Urvision empfängt er dafür zu seinem eigenen Staunen unter den Impulsen des Heiligen Geistes den Dank von Gott Vater, den Dank der Gottesmutter Maria und den Dank des

1 *E. Schnydrig:* So gute Augen für Zachäus, Frankfurt/M. 1977, S. 30.
2 *Khalil Gibran:* Der Prophet, Olten, 2. Aufl. 1977, S. 59f.

verklärten Menschensohnes, weil er so treu dem Sohn in seiner Not beigestanden.

Vorbereitet wurde Klaus noch in seinem Weltstand für dieses Eingehen in Jesu Tod «durch die reinigende Feile und den antreibenden Sporn» des barmherzigen Gottes, der die Schwermut als Läuterung über ihn kommen ließ. «Nicht auf die Verkleinerung seiner melancholischen Veranlagung, sondern auf das, was Niklaus daraus gemacht hat, muß die Aufmerksamkeit gelenkt werden» (Walter Nigg). Die tägliche Leidensbetrachtung Christi schafft Erleichterung und bringt Licht in seine persönliche Sinnfrage über die Ungereimtheiten seines bisherigen Lebens. «Die Schwermut ist etwas zu Schmerzliches, und sie reicht zu tief in die Wurzeln unseres Daseins hinab, als daß wir sie dem Psychiater (allein) überlassen dürfen.»[1] Für diese Worte eines Romano Guardini ist Bruder Klaus ein lebendiges Beispiel.

Wesentliche Abschnitte seiner Reimsprüche gelten der Aufmunterung an seine Pilger zur Leidensbetrachtung Christi, damit wir alle wie er uns einzufügen lernen in den höheren Plan. – Leiden bleibt ein Problem aller Zeiten, auch der heutigen, mögen die Propheten von jetzt die Sinntiefe des Eremiten auch nicht erreichen – mutig sind sie doch auf ihre Weise:

Jammert doch der Tränen wegen
länger nicht, ihr Lieben,
sind sie doch der Regen auch
für die zartesten Blumen.
Müßte der Strauch nicht des Glückes
verdorren
ohne des Leidens
Wolkenbrüche[2]?

1 *R. Guardini:* Vom Sinn der Schwermut, in: Unterscheidung des Christlichen, Mainz 1963, S. 502.
2 *W. Biermann:* Kleine Ermutigung, in: Nachlass 1, Köln 1977.

Aber letztlich wird nur «von oben weg des Grabes Stein gehoben, und mein Innres aufgetan» (Novalis).

Selbst in den politisch-ethischen Bernerbrief strahlt sein Anliegen aus: Wir sollen fähig werden, «Gottes Leiden in unseren Herzen zu tragen». Dieses Bemühen wird uns auch den weiten Sinn, die Tragfähigkeit und Toleranz unseres Meisters erschließen – und uns verwandeln.

Selber an der Blöße Christi vielfach teilnehmend, wird für Niklaus, der betet, fastet und Almosen reicht *(WOE)*, der verwürfelte Rock Christi, in den er selbst hineingeschlüpft ist, zur Mahnung, Bloßgestellten das schützende Gewand zu verschaffen. An anderer Stelle ist die Rede von seiner geistigen Hilfe an eine von Eifersucht geplagte junge Frau, an eine arme Alte im Verdacht des Hexenwahns.

Seit Jahrzehnten immer treuer Christus angezogen (Röm 13,14; Gal 3,27), rüstet er sich zum Übergang ins ewige Leben. «Nachdem er die Wegzehrung des heilsamen Leibes und Blutes Christi empfangen, hauchte er nach seiner Gewohnheit auf den bloßen Boden ausgestreckt mit Danksagung am 21. März 1487 siebzig Jahre alt, unter großen Schmerzen seine Seele aus» *(WOE)*. Wieviel Zuversicht wird da von der Gemeinschaft mit dem Herrn hineingetragen in jene sterbenden Leben, wo es sonst nur heißen kann:

So seltsam fremd wird dir die Welt,
und leis verläßt dich alles Hoffen,
bis du es endlich, endlich weißt,
daß dich des Todes Pfeil getroffen[1].

Ein Porträt des Bruders Klaus von 1492 zeigt ihn mit blutumränderten Augen. Seine Kopie ist im Kloster Madonna del Sasso in Locarno erhalten. Er selber bezeichnet die entscheidende Phase seiner geistigen Reifung als

1 Th. Storm, Anm. 5 und 6, zit. in: *P. Heimann:* Stern meiner Nacht. Das Krankheitserlebnis im Gedicht, Bern 1979.

intensives Eindringen ins Leiden Christi. Auf welche Quellen stützt sich hier Bruder Klaus? Nebst dem «Großen Gebet», das zu einem ansehnlichen Teil dem Leiden Christi gewidmet ist, kommt das ähnlich gelagerte, in über 350 Handschriften, Blockbüchern und Wiegendrucken erhaltene «Speculum humanae Salvationis» in Frage, verfaßt am Anfang des 14. Jh.s in Dominikanerkreisen (Blanke, Bruder Klaus von Flüe, Zürich 1948, S. 14f.). Der Ablauf wird folgendermaßen rekonstruiert: Vesperzeit um 18 Uhr: Dank für die Liebe des Herrn in Fußwaschung und Abendmahl. 21 Uhr: Dank für die Liebe, mit der Jesus Blut geschwitzt und für Niklaus gezittert; Bitte um Befreiung von den Fesseln des Bösen. Matutin um Mitternacht (Verspottung und Mißhandlung im Haus des Kaiphas). Morgenfrühe Prim-Meditation (Verspottung durch Herodes und sein Kriegsvolk). 9 Uhr Terz (Jesu Geißelung). Sext um Mittag (Kreuzigung). Non um 15 Uhr (Dank für den Herrentod). «Diese systematische Übung scheint Bruder Klaus aus seiner Depression durch Vergeistigung, Gemeinschaft mit Jesus, Begnadigung, neue Sinnerfüllung herausgeführt zu haben. Die persönlichen Formulierungen schließen alle Gottliebenden ein» (M. L. von Franz, S. 103). Allerdings gibt es «über die Zusammenhänge der Verteilung des liturgischen Gebetes und der Passion viele mittelalterlichen Traktate in lateinischer und deutscher Sprache» (J. Bühlmann, Christuslehre, a. a. O., S. 82). Da der erste deutsche Mystiker dieser Epoche, David von Augsburg, Franziskaner war, sei auch das Passionsoffizium des Franz von Assisi erwähnt.

VISIONEN

O lieber mensch, gedenck, wie du dich dieser gross herczlichen liebe, die er zue unns gehabt hat, mögest teilhaftig machen. *PI*

Diese Vision, die dem damaligen mystischen Empfinden nachweisbar entspricht, sieht sich an wie eine Bestätigung für die Richtigkeit des Weges, den Pfarrer Haimo dem von Depressionen heimgesuchten und verwirrten Niklaus als Ausweg angeboten hat: die Betrachtung des Leidens Christi. Nachgerade erlebt der Eremit diese Leidensbetrachtung, die er treu weitergeführt hat, nicht so sehr als Heilmittel, sondern als Heiligungsmittel, als Weg in die Familiarität Gottes hinein.

Des Himmels Dank für Mitleiden

Ein Mensch unterbrach den Schlaf um Gottes und seines Leidens willen, und er dankte Gott für sein Leiden und seine Marter. Und Gott gab ihm Gnade, so daß er Unterhaltung und Freude darin fand. Hierauf legte er sich zur Ruhe. Und als seine Vernunft in Fesseln geschlagen war und er doch meinte, daß er noch nicht eingeschlafen wäre, schien es ihm, als ob einer zur Tür hereinkäme, mitten im Haus stünde und ihm mit kräftiger, heller Stimme riefe, wie er denn hieße, und sprach: «Komm und sieh deinen Vater und schau, was er macht!» Und es schien ihm, als käme er schnell an eines Bogens Ziel (das heißt auf Pfeilschußweite) in ein schönes Zelt in einen weiten Saal. Da sah er einige Leute darin wohnen, und er war bei ihm, der ihn gerufen hatte, und stand an seiner Seite und führte für ihn das Wort, wie es ein Fürsprech tut. Und obwohl er sprach, sah er doch seine Gestalt nicht und wunderte ihn auch nicht danach, und er führte für ihn das Wort und sprach: «Dieser ist derjenige, der dir deinen Sohn gehoben und getragen (gelüft und geburt) hat und ihm zu Hilfe gekommen ist in seiner Angst und Not. Danke ihm hierfür, und sei dankbar (dank im sin und bis im sin dank und bis im sin dankbar).» Da kam ein schöner, stattlicher Mann durch den Palast gegangen mit einer glänzenden Farbe in seinem Angesicht und in einem weißen Kleid wie ein Priester in einer Albe. Und er legte ihm seine beiden Arme auf seine Achseln und drückte ihn an sich und dankte ihm mit einer ganzen inbrünstigen Liebe seines Herzens, daß er seinem Sohn also wohl zustatten gekommen und zu Hilfe in seiner Not. Und derselbe Mensch (Bruder Klaus) wurde in sich selber geschlagen und erschrak sehr darob und bekannte sich selber unwürdig und sprach: «Ich weiß nicht, daß ich deinem Sohn je einen Dienst erwiesen habe.» Da verließ er ihn und sah ihn fürderhin nicht mehr.

Und dann kam eine schöne, stattliche Frau durch den Palast gegangen, auch in einem solchen weißen Kleid. Und er sah wohl, daß ihr das weiße Kleid ganz neu gewaschen anstand. Und sie legte ihm ihre beiden Arme auf seine beiden Achseln und drückte ihn so gründlich an ihr Herz mit einer überfließenden Liebe, daß er ihrem Sohn so getreulich zustatten gekommen in seiner Not. Und der Mensch erschrak darüber und sprach: «Ich weiß nicht, daß ich eurem Sohn je einen Dienst getan hab', außer daß ich herkam, um zu sehen, was ihr tätet.» Da schied sie von ihm, und er sah sie fürder nicht mehr.

Da blickte er neben sich. Er sah den Sohn neben sich sitzen in einem Sessel und stellte fest, daß auch er ein solches Kleid anhatte; es war besprengt mit Rot, als ob einer mit einem Wedel darauf gesprengt hätte. Und der Sohn neigte sich gegen ihn und dankte ihm inniglich, daß er ihm auch so wohl zustatten gekommen in seinen Nöten. Da blickte er an sich selbst hernieder. Da sah er, daß er auch ein weißes Kleid an sich trug und besprengt mit Rot wie der Sohn. Das verwunderte ihn sehr, und er wußte nicht, daß er es angehabt hatte. Und schnell auf einmal fand er sich selber an der Statt, wo er sich niedergelegt hatte, so daß er nicht meinte, daß er geschlafen hätte. *AB*

Inhaltlich hat diese originelle Vision eine Parallele in einer Predigt Taulers (A. Stöckli, S. 52), in der der Herr spricht: «Viellieber, minniglicher Mensch, ich danke dir und freue mich über dich, daß du mir für mein Leiden gedankt und mir geholfen hast, die schwere Bürde meines Leidens zu tragen durch deine Gebresten, die du ausgelitten hast (vgl. Kol 1,24). Siehe, nun sollst du mich selber dawider haben ...» Hier schenkt Gott der Seele sich selber in einer überfließenden Weise, die alles übertrifft, was sie je begehrte (ebd., S. 27 f.).

Nach *Lavaud* ruft der Schutzengel, eher noch der Heilige Geist als «Fürsprecher beim Vater» (Joh 14,15; 15,26; 16,7), Niklaus zu Gott hin. Die Anerkennung ist auf dem Hintergrund der Gerichtsreden «Kommt, ihr Gesegneten meines Vaters» (Mt 25,34 ff.) zu lesen. Der Zuschnitt ist kontemplativ und bezieht sich nebst Almosen auf das Gebetsleben, die Leidensbetrachtung, die Härte mit sich selbst (S. 95).

Das Erscheinen der Gottesmutter vor dem Sohn, unmittelbar nach dem Vater, hat hier aber nicht nur, wie *Jung* vom Psychologischen her meint, als charakteristische Erscheinung mit der mystischen Erfahrung zu tun, daß die «Mannweiblichkeit» des Gottgrundes offenbar wird, sondern mit der Reihenfolge des Inkarnationsgeheimnisses. – Die gleiche Gewandung «Christus-Bruder Klaus» ist Veranschaulichung unserer mystischen Inkorporierung in Christus. Der «unnütze» Knecht merkt in seiner Demut gar nicht, wie er durch die Fixierung auf Christus und das sich vergessende Loslassen seiner selbst in die Intimität des gottmenschlichen Gekreuzigten hineingewachsen ist (B. Lavaud, S. 97).

REIMSPRÜCHE

O Mensch, hab Gott in deinem Sinn
Halt einzig ihn für gut Gewinn
O Mensch, willst du erkennen, ob du Gott lieb habest?
So acht dich, wie du Kummer und Leiden tragest
Magst du Kummer und Leid zu ertragen
Leiden den weltlichen Spott
Lauter und ganz vor Gott
So magst du wohl erkennen
Daß du lieb habest den allmächtigen Gott

Mensch, wenn die Welt dich hasset
Und dir erzeigt viel Untreue
Gedenke, wie dein Gott
Verspottet sei, verspeiet
Du sollst deinen Mitmenschen nicht verklagen
Um der Schuld sein
Sondern sollst Gott bitten
Daß er euch beiden mög gnädig sein

Meditationshilfe zum Reimspruch-Abschnitt «Dass du lieb habest den allmechtigen got»

Gemütsbildung ohne Gott?

Das Gemüt wird heute wieder mehr betont, vielleicht eine Reaktion gegen seine Verdrängung! Gemütsbildung wird als Pflichtfach geführt: im Namen der Mitmenschlichkeit, im Namen der Ehefähigkeit, im Namen der Ganzheitlichkeit, im Namen der Berufstauglichkeit, im Namen der Meditation und auch noch des Tierschutzes. Schulen mit Gemütspflege haben Kredit.

Setzt sich auch Gott im Gemüt durch? Machen wir nicht vor dieser Intimsphäre halt? Überlassen wir es ein paar Fanatikern, das Ergriffensein von Gott zu pflegen? Während wir auf unseren Nabel starren, auf unsere Geschlechtskraft, auf unsere Kreativität, auf sportliche Spitzenleistung und auf unsere Feierstunde ohne Mißklang? Fehlt da nicht jener Geist Gottes, der allein gute Gabe ist (Lk 11,13) und Nahrung des Herzens?

Und wenn die Rückenschläge des Lebens kommen? Trägt uns dann der Gottmensch im eigenen Herzen? Nur Versenkung in den leidenden Gottessohn trägt.

Gemüt hat mit Mut zu tun. Die Anfechtung zur Verurteilung des Mitmenschen wird an der Bitte Jesu scheitern: «Vater, vergib ihnen»! (Lk 23,34); «Vater, vergib uns unsere Schuld, wie auch wir vergeben» (Mt 6,12).

Mensch, du sollst in Weisheit stehn
Zorn laß nicht in dein Haupt gehn
Zürnen dein Gesicht entstellt
Daß dir alle Anmut fällt
Denk an die Dornenkrone
Wie diese breit geprägt

Auf Gottes heiliges Haupt
So grimmig ward gelegt
So mancher scharfe Dornnagel ihn da stach
Daß das Blut von seinem Antlitz brach

Gedenk der drei Nägel
Die Gott durch Hände und Füße wurden
geschlagen

Davon litt er so große Not
Und bat für die, so ihm antäten den Tod

Meditationshilfe zum Reimspruch-Abschnitt «Zorn lass nit in dein haupt gehn»

Toleranz – Weisheit aller Zeit?

Heute predigen viele Toleranz: Man hat den anderen anzunehmen, wie er ist! Leicht, wenn man an Afrika oder Ozeanien, an Asien oder Südamerika denkt, an Amnesty International oder den Ökumenischen Rat in Genf. An den Vatikan oder an den nächstliegenden Bezirk. Oder an den Nachbarn, und schließlich an den, der mit mir zusammenwohnt: «Er soll sich an mich gewöhnen, so schlimm bin ich nicht. Er braucht durchaus nicht immer meiner Meinung beizupflichten: Ich bin tolerant! Aber er soll mich ertragen, etwas nett zu mir sein.»

Wie bitte? Konkretes eigenes Verhalten? Nun denn, betet man nicht alle Tage sein Vaterunser und bekennt sich persönlich mit Bibel oder Stubenkreuz zum Ertragen und Vergeben? ... Das sei nur theoretisches Christentum. Praktisches Christentum beginne mit der Nachfolge, der eigenen Nachfolge. Zugegeben, nach der Bergpredigt ist das die Vollendung des Christseins. Aber wer überläßt sie nicht lieber den anderen? – Gut, daß Jesus für uns betet, um Vergebung und Weisheit.

WERKE DER BARMHERZIGKEIT

Nackte bekleiden

Viele sind schutzlos dem Spott der Mitmenschen ausgesetzt. Wir wähnen, sie sollten sich selbst hüten. Liebevoll ward einst Jesus von Maria in Windeln gelegt, und ruchlos wurde von den Soldaten unter dem Kreuz über sein Gewand gewürfelt. Wir aber sollen nach der Bergpredigt den Rock hinzugeben, wenn einer unseres Mantels bedarf. Wollen wir nicht am Mitmenschen gutmachen die Blöße, die der Herr um unseretwillen getragen hat?

Zugehöriger Bibeltext über die Kleider Jesu: Mt 27, 28–35; Joh 19,23–24.

> Dise klare menscheyt hat er geopfert auf dem stamm des heyligen kreucz nackent und bloss. Gedenck, wie du dich diser herczen lieb mügest tailhaftig machen, wa du siehst den armen, der nit hat die beklaidung seins leibss, so du gybst ym das klaid der notdurftigkeit. *PI*

Nun merk auf die fünfte Speiche, die von der ungeteilten Gottheit ausgeht im Sinnbild der feingliedrigen, schönen, unverdorbenen Menschheit unseres Herrn Jesus Christus, in welche die ihm geeinte Gottheit eingeflochten ist. Diese lichte Menschheit hat er auf dem Stamm des heiligen Kreuzes nackt und bloß mit ausgespannten Armen zum Opfer gebracht ... Du wolltest gewiß des Herrn zarten Leib mit deiner Gabe bedeckt sehen. Da dies nicht in deinen Kräften steht, so erfülle es an deinem Nächsten. *PI*

> Ein Vatterunser knüwend, als unser lieber Herr Jesus verlon ward von allen sinen fründen ... als sin rock vor dem krütz wider abgezogen ward ... als Jesus zerspant ward, dass schier an allem sinem lib kein glid an siner rächten stat blib. *Das gross Gebet*

Die Meditation des Kreuzweges, der klassischen Form der Leidensbetrachtung, damals in der Form des großen Gebetes Bruder Klaus bekannt, scheint den modernen Menschen weitgehend fremd geworden zu sein. Verachtung von Routine? Abneigung gegen szenischen Durchbruch der religiösen Intimsphäre? Bekenntnisfeigheit, Naivitätsfeindlichkeit oder Herzenskälte?

Jörg Zink gibt zu bedenken:

> Es ist nicht zu begreifen, daß ... die Meditation des Kreuzweges verlorenging. Wenn uns das Wort vom Kreuz mehr ist als eine Theorie, werden wir eines Tages wieder versuchen, mit unsern Füßen den Kreuzweg entlangzugehen, die Bilder in uns eindringen zu lassen und dabei unsern eigenen Schritt mit dem Schritt Christi durch die Passion zusammenzusehen ... Paulus sagt, es komme darauf an, eine neue Menschengestalt nach der Gestalt Christi zu werden.

Dem *großen Gebet* entnehmen wir:

Die heilige Jungfrau opferte den göttlichen Sohn im Tempel auf. Der greise Simeon erkannte sogleich den Herrn der Welt, empfing ihn auf seine Arme und sprach: «Nun entlässest du, o Herr, deinem Wort gemäß deinen Diener im Frieden; denn meine Augen haben das Heil der Welt gesehen!» Daß der allmächtige Gott auch uns sein Heil schauen lasse und der ganzen Christenheit seinen Frieden gebe,

- betet drei Ave-Maria mit gekreuzten Armen, stehend.

Wie wird Maria erschrocken sein, als ihr Simeon weissagte, daß ein siebenfaches Schwert ihr mütterliches Herz durchbohren werde. Daß unser Herr uns behüte vor Schande und Herzeleid und allen Lebenden und Toten zu Hilfe eile,

- betet sieben Ave-Maria.

Dem Heiland wurde das Purpurkleid abgezogen; dabei wurden die vielen Wunden der Geißelung erneut aufgerissen, denn das Kleid war in diese wie eingebacken. Dann legten sie ihm wieder seinen Rock an und luden ihm das schwere Kreuz auf die verwundeten Schultern. Jesus war so entkräftet, daß er bei jedem Schritt unter dem Kreuz wankte. Da fürchteten die Juden, er werde ihnen unter den Händen wegsterben und sie kämen um den Triumph, ihn kreuzigen zu können. Aus diesem Grund zwangen sie den Simon von Cyrene, daß er ihm das Kreuz tragen helfe.

- Betet drei Vaterunser, stehend.

Auf dem Kalvarienberg oben zogen die Henkersknechte unserem Herrn seinen Rock aus, der wieder in die Wunden eingeklebt war, so daß viele Wunden aufgerissen wurden. Erneut stand der Heiland nackt und bloß vor dem rohen Volk. Vor Frost zitterte er, der Mann der Schmerzen, am ganzen Leib.

- Betet zwei Vaterunser, kniend.

Welcher Mensch kann wohl ohne tiefste Herzensrührung Jesus am Kreuz betrachten, ohne zur Reue über seine Sünden bewogen zu werden? In seinem furchtbaren Durst reicht man ihm einen Schwamm mit Essig und Galle. Während er für seine Peiniger bittet, wird er von ihnen gelästert und verspottet. Er hat keinen Ort, wo er sein müdes Haupt hinlegen kann. Er kann sich in seiner Not nicht helfen, denn er ist an Händen und Füßen angenagelt. Er gab alles, was er hatte; er litt alles, was er leiden konnte, und so hat er die unendliche Schuld der Sünde abbezahlt. Zum innigen Dank dafür,

- betet drei Vaterunser, drei Ave-Maria und den Glauben.

Die großen Wunden mit ihrem rosenfarbenen Blut sind die fünf Minnezeichen unseres lieben Herrn Jesus Christus. Daß er unsere fünf Sinne und unsere Seelen bei unserem Lebensende in seine heiligen fünf Wunden, diese Tore zur Ewigkeit, bergen wolle, daß er dann Licht und Weg sei und eine Speise zum ewigen Leben, uns und allen Christgläubigen,

- betet fünf Vaterunser mit erhobenen Händen.

RATSCHLAG

Die reinigende Feile

> Ohne Zweifel scheint es, daß Christus ihm der Preis war, für den er als Einsiedler leben und sterben wollte. *GU*

Bruder Klaus offenbart 1469 einem Predigermönch (Dominikaner) nach dessen Zusage der Schweigepflicht bis nach seinem Tod diese älteste Mitteilung über seine Entwicklung. Sie bricht leider fragmentarisch ab.

Als ich ein Jüngling war, nahm ich eine Frau und war mächtig in Gericht und Rat und in den Regierungsgeschäften dieses meines Vaterlandes. Dennoch erinnere ich mich nicht, mich jemandes so angenommen zu haben, daß ich vom Pfad der Gerechtigkeit abgewichen wäre, und vor allen Menschen schätzte und ehrte ich das königliche und priesterliche Geschlecht, das heißt die Priester Christi, so daß, sooft ich einen Priester sah, es mir schien, ich sähe einen Engel Gottes. Erst dadurch, glaube ich, kam ich zu der großen Ehrfurcht und Verehrung für das heiligste Sakrament des Leibes und Blutes Jesu Christi.

Als es ihm nämlich gefiel, um mich zurückzukaufen, seine Barmherzigkeit gegen mich vollzumachen, wandte er die reinigende Feile und den antreibenden Sporn an, das heißt eine schwere Versuchung, so daß er weder tags noch nachts duldete, daß ich ruhig war, sondern ich war so tief niedergedrückt, daß mir selbst die liebe Frau und die Gesellschaft der Kinder lästig ward. Während ich in diesem Zustand verharrte, kam ein Priester, ein innig Vertrauter zu mir zu besonderer Aussprache. Wie wir über allerlei redeten, enthüllte ich ihm meine Beängstigung und Beschwernis. Er brachte darauf verschiedene heilsame Ratschläge und Mittel vor, aber ich erwiderte ihm: dies und ähnliches hätte ich versucht und keinen Trost gefunden, und es hätte nicht im geringsten genützt. Dann erst fügte er noch jenes beste und heilkräftigste Mittel hinzu: Es bleibe noch die andächtige Betrachtung des Leidens Jesu Christi. Ganz erheitert antwortete ich, das sei mir unbekannt, und ich wisse nicht die Art und Weise, das Leiden Jesu Christi zu betrachten. Da lehrte er mich, die Abschnitte des Leidens zu unterscheiden ... nach der Tageseinteilung des kirchlichen Stundengebetes. Darauf hielt ich Einkehr in mich und begann, die Übung täglich zu erfüllen, in welcher ich aus Barmherzigkeit des Erlösers für meine Armut Fortschritte machte, und weil ich in viele Geschäfte und weltliche Beamtungen verstrickt war, sah ich, daß ich in der Gesellschaft der Menschen, dies weniger andächtig vollbringen könne. Darum zog ich mich häufig an diesen heimlichen und nahen Ort meiner Leidensbetrachtung zurück, so daß niemand es wußte als meine Frau und dies jeweilen nur aus einfallenden Ursachen. Und so verblieb ich zwei Jahre ...

(Hier bricht der Text ab.) *Einzeldokument*

6. IN UND AUS DER KIRCHE LEBEN

Der Priester beugt sich vor Kelch und Brotpatene bei der Wandlung zwischen Marienaltar und Sarg (Symbol «Tote begraben»), in einer Kapelle, gekennzeichnet durch die hohe Fensterflucht. Der erwachsene Ministrant schellt mit der Linken und hält mit der Rechten einen hohen Stab: Leuchterstab? Wanderstab? Wenn das Wappen unter ihm ein Hinweis auf den Stifter ist, könnte hervorgehoben sein, daß er als Pilger gekommen ist.

Herr Jhesus Christ der bronn aller gnaden
und tugent ist *Reimspruch*

Der Brunnen in der Vision des Bruders Klaus ist mehrdeutig: im Selbstverständnis, in der Quelle, in der Auswirkung. Aber er ist für den Flüelibauern eindeutig in der Lebensnotwendigkeit. Schon seine Gottschau hat etwas Flutendes. Ausdrücklich spricht er von Christus als Lebensbrunnen (vgl. Reimspruch – Joh 7,37–39), der in uns weiterwirkt. Ursprünglich dürfte es um das alte Muttersymbol gehen, das hier auf die Mutter Kirche hin verstanden wird. Wenn Paul Gerhardt (1607–76) zweihundert Jahre nach Bruder Klaus sein «Morgenlob» zum Altar bringt, dann greift er dasselbe Motiv auf: «O treuer Hüter, Brunnen aller Güter, auch laß doch ferner über unser Leben bei Tag und Nacht dein Huld und Güte schweben, lobet den Herren.»[1]

Die Wasser in ihrer geheimnisvollen trinitarischen wie kirchlichen Mischung von Wein, Honig/Wachs und Öl sind der Ausfluß Gottes: Gnade und Güte. Kasten und Kännel umschreiben eindeutig den klerikalen Bereich. «Verschieden sind die Wasserleitungen zum Weinberg des Herrn nach dem Evangelium» *(GU)*. Die Mischung deutet die Vielfalt sakramentaler Mitteilung Gottes an die Menschen an. Besonders eindrücklich erlebt der eucharistische Faster jene sich immer wieder erneuernde Sättigung aus der Eucharistiefeier, «ohne die er sein körperliches Fasten nicht durchzuhalten vermöchte» *(KI)*.

Da ist aber auch ein Volk Gottes, eine kirchliche Gemeinschaft. Niklaus verwundert sich über den Mangel an kirchlichem Glauben und Engagement bei seinen getauften Zeitgenossen. Sie schlagen, durch eitle Beschäftigung geblendet, das große Angebot Gottes aus. Das ist die wesentlichste Aussage dieser Kirchenvision und wohl auch

1 *P. Gerhardt*, in: Schweiz. Kirchengesangbuch 674, 3.

der Hauptanstoß zu ihrer Publikation. Auch heute sind wir davon betroffen:

Herr, ich habe deine Gegenwart erlebt.
Ich will mich nicht allein freuen.
Schicke mir Menschen,
die dir begegnet sind
und die mit ihrer Freude darüber
nicht allein bleiben können.
Gib, daß alle Menschen dir begegnen,
damit ihre Traurigkeit ein Ende hat
und sie in dir die wahre Freude finden[1].

Äußere Organisations- und Strukturfragen im kirchlichen Bereich scheinen dem ehemaligen Kirchgemeindehaupt nicht der Rede wert. Er lebt in einer festgefügten kirchlichen Tradition. Aber die klaren Wasser im «wimpervollen Kasten», die zu allen Spalten ungenutzt «herauswitzern», beschäftigen ihn, zumal sie «so schön tönen». Ist nach den vielen kirchlichen Diskussionen mit und ohne Ertrag nicht wieder der Durst nach dem Wesentlichsten, nach diesen lebendigen Wassern im Kommen? Und wir werden angeregt, mit Bruder Klaus verantwortungsbewußt «hinauszugehen und zu sehen, was die Leute tun, daß sie nicht hineingehen, des Brunnens zu schöpfen». Gerade für die kirchliche Gemeinschaft gilt doppelt: «Es gibt keinen andern Weg, ganz zu sich selbst zu kommen, als den, daß man einmal ganz von sich losgekommen ist.»[2]

Hilfreich für unsere Tage ist ferner der gehaltvolle Begriff des mittelalterlichen Mystikers von der Kirche, insofern er gar nicht klerikal überfordert oder gar deformiert ist, ohne ihn umgekehrt alles Klerikalen zu berauben. Weise unterscheidet Bruder Klaus zwischen der hohen Würde der Priester, die ihm wie Engel vorkommen und seinen Eucharistiebegriff erst voll prägen (vertrauliche Mitteilung

1 *S. Schneider:* Dich suchen wir, Würzburg 1973, S. 81.
2 *E. Sprangert,* zit. in: Ja zu jedem Tag, Stuttgart 1977, S. 120.

an den Predigermönch), und ihrer sehr relativen Funktion als Durchlauf *(GU)*. Dabei kennt Bruder Klaus aus seinen Priesterfreundschaften mit Haimo Amgrund und Oswald Isner sehr wohl die amtlich-kirchliche Förderung, ohne ihr unselbständig zu verfallen. Und er kennt auch den Gehorsam gegen den Bischof, weil er Gehorsam in der Nachfolge Christi als Größtes versteht.

Der «Schüler des Heiligen Geistes» bringt aber zur Erneuerung unseres Kirchenbegriffs noch etwas ein, was so tief im Epheserbrief (bes. 3,14–21) verankert ist. Der innere Mensch braucht seine Abgeschiedenheit mit Gott, er kann aber nur wachsen und erstarken, wenn er in kirchlicher Gemeinschaft mit anderen Geheiligten in Glaube und Liebe fest verwurzelt bleibt. «Er fand an der einsamen Quelle der Kirche (kontemplative Abgeschiedenheit im Kreis von Gesinnungsfreunden, die auch begriffen haben, worum es geht) mehr Belehrung als ... in den Konventikeln der Weltleute» *(GU)*. Er spricht von den «wenigen», die mit dem Einsiedler in der Lebensschule gelernt haben.

Das Werk der Sorge um die Toten leitet sich bei ihm ab von der Heiligung des ganzen Menschen durch das aus Jesu gebrochenem Herzen entsprungene Sakrament. Für ihn galt noch fest, was unsere Zeit neu glauben möchte:

Dein Tod
hätte uns, wenn wir wollten,
vorbereitet für das Leben.
Dein Tod hätte der Weg sein können
in das Leben ohne Tod.
Ohne Tode,
die wir bringen,
ohne Tode,
die wir erleiden.
Kyrieeleison[1].

1 *H. Wohlgemuth:* Dein Tod hätte uns, in: Wen soll ich nach Rosen schicken, Wuppertal.

> Wie man aus einem und demselben Brunnen, der verschiedene – bleierne, kupferne, silberne und goldene – Röhren hat, dasselbe Wasser an Frische und Geschmack zu trinken findet, so genießt man auch vom guten wie vom schlechten Priester in der Eucharistie dieselbe Gnade. *GU*

Die folgende Brunnenvision scheint die allgemeingültigste zu sein, die weniger Bruder Klaus als unsere kirchliche Haltung beleuchtet, auch wenn am Ende Bruder Klaus selber als Brunnen erscheint.

Brunnenvision

Ein Mensch unterbrach den Schlaf um Gottes willen und um seines Leidens willen. Er dankte Gott für sein Leiden und seine Marter. Gott gab ihm Gnade, daß er darin seine Unterhaltung und Freude fand. Hierauf legte er sich zur Ruhe, und es schien ihm in seinem Schlaf oder in seinem Geist, er käme an einen Platz, der einer Gemeinde gehörte. Da sah er daselbst eine Menge Leute, die schwere Arbeit verrichteten. Es waren sehr arme Leute. Er stand und schaute ihnen zu und verwunderte sich sehr, daß sie so viel Arbeit hatten und doch so arm waren. Da sah er zur rechten Hand einen wohlgebauten Tabernakel erscheinen. Dieser hatte eine offene Tür, und der Mensch dachte bei sich selbst: Du mußt in den Tabernakel gehen und sehen, was darin sei, und mußt bald zu der Tür hereinkommen. Da kam er in eine Küche, die einer ganzen Gemeinde gehörte. Zur rechten Hand erblickte er eine Stiege, vielleicht vier Stufen messend. Einige Leute gingen hinauf, aber wenige. Ihm schien, ihre Kleider wären etwas gesprenkelt mit Weiß, und er sah einen Brunnen aus den Stufen in einen großen Trog zu der Küche fließen, der war von dreierlei: Wein, Öl und Honig. Dieser Brunnen floß so schnell wie der Strahlenblitz und machte ein so lautes Getöse, daß der Palast laut erscholl wie ein Horn. Und er dachte: Du mußt die Stiege hinaufgehen und sehen, woher der Brunnen kommt. Und er verwunderte sich sehr, daß sie so arm waren und doch niemand hineinging, aus dem Brunnen zu schöpfen, was sie so wohl hätten tun können, da er gemeinsam war.

Er ging die Stiege hinauf und kam in einen weiten Saal. Da sah er inmitten des Saales einen großen viereckigen Kasten stehen, aus dem der Brunnen quoll. Und er machte sich an den Kasten und besah ihn. Als er zu dem Kasten ging, da wäre er fast versunken wie einer, der über ein Moor geht, und er hob seine Füße rasch an sich. Er erkannte in seinem Geist, wer seine Füße (nicht) rasch an sich zöge, der möchte nicht zum Kasten kommen. Der Kasten war an den vier Ecken beschlagen mit vier mächtigen Blechen. Und dieser Brunnen floß durch einen Kännel weg und tönte so schön in dem Kasten und in dem Kännel, daß der Mensch sich darüber sehr verwunderte. Dieser Quell war so lauter, daß man eines jeden Menschen Haar am Boden wohl hätte sehen können. Und wie mächtig es daraus floß, so blieb doch der Kasten dermaßen voll, daß er überfloß. Und er erkannte in seinem Geist, wieviel daraus floß, daß immer noch gern mehr darin gewesen wäre, und er sah es aus allen Spalten herausquellen. Da dachte er: Du willst wieder hinabgehen. Er sah (es) allerseits mächtig in den Trog strömen, und er dachte bei sich selbst: Du willst hinausgehen und sehen, was die Leute tun, daß sie nicht hineingehen, des Brunnens zu schöpfen, dessen doch ein großer Überfluß ist.

Und er ging zur Tür hinaus. Da erblickte er die Leute, die schwere Arbeit verrichteten und dazu arm waren. Er beobachtete sie, was sie täten. Da sah er, daß einer dastand, der einen Zaun geschlagen hatte mitten durch den Platz. In der Mitte des Zaunes war ein Tor, das jener vor ihnen mit der Hand zuhielt und sprach: «Ich lasse euch weder hin noch her, ihr gebt mir denn den Pfennig.» Er sah einen, der drehte den Knebel auf der Hand und sprach: «Es ist darum erdacht, daß ihr mir den Pfennig gäbet.» Pfeifer waren da, die ihnen aufspielten und ihnen den Pfennig heischten. Er sah Schneider und Schuhmacher und allerlei Handwerksleute, die den Pfennig von ihm haben wollten. Und ehe sie das alles ausrichteten, da waren sie so arm, daß sie kaum das bekamen. Und er sah niemanden hineingehen, um aus dem Brunnen zu schöpfen. Wie er so stand und ihnen zusah, da verwandelte sich die Gegend und wurde zu wüsten Steilhalden daselbst und glich der Gegend, die um Bruder Klausens Kirche liegt, wo er seine Wohnung hat, und er erkannte in seinem Geist, dieser Tabernakel wäre Bruder Klaus. *AB*

Diese Vision veranschaulicht in erster Linie Gottes überreiches Wirken an der ihn liebenden Seele (vgl.: «Es deuchte ihn, er sei der Tabernakel/die Brunnenstube»), erst im übertragenen Sinn geht es um das kirchliche Leben schlechthin. Es existiert eine Predigt Taulers mit dem gleichen Motiv, wo Jesus zur «Kirchweih» des Tempels in Jerusalem geht (A. Stöckli, S. 24). Hauptaussagen: Der geistige Tempel der Seele koste in ihrer lauteren Inwendigkeit Gott mehr Fleiß als alle anderen Kreaturen. Er wohne hier auch lieber als in Kirchenbauten. Kirchweihfeste geschehen zur Erneuerung, Verinnerlichung des Menschen, «da er Gott in Wahrheit innen findet wohnen und wirken ... in empfindender, schmekkender Weise, wie es aus dem Grunde herausquillt als aus seinem eigenen Brunnen und Quell ... Und sooft im Tag diese Einkehr geschieht, wenn es möglich wäre, daß dieser Kehr tausendmal des Tages geschähe, so oft würde eine Erneuerung geschehen und neue Lauterkeit gebären, neues Licht, neue Gnade und neue Tugend.» Die Übung der guten Werke gewinnt von dieser Einkehr ihre volle Kraft. – Jesu Worte beim Tempelweihefest begründen biblisch, daß der Mensch selber zum Brunnen der Gnade wird (Joh 7,38).

Ein Altarbild van Eycks stellt die kirchliche Dimension solcher Vorstellungen dar: Die Strahlen der göttlichen Gnade steigen auf einen viereckigen Altar hinunter, auf dem das Gotteslamm liegt. Dessen Blut fließt in einen Kelch und verteilt sich dann durch die sieben Kanäle der Sakramente in ein großes Becken weiter, um welches sich die Kirchen des Alten und des Neuen Testamentes scharen (M. L. von Franz, S. 94). – Da Rinnen, Kännel, Röhren unterschiedlicher Qualität bei Bruder Klaus im Zusammenhang mit priesterlicher Gnadenvermittlung vorkommen, scheint das Bild van Eycks den Vorstellungen Bruder Klausens verwandt. – Wasser, Wein, Öl und Honig versinnbilden als kultische Essenzen den Reichtum des Gnadenlebens. – Das profane Kollektiv der von Steuereintreibern bedrängten armen und fruchtlos arbeitenden Leute wirkt äußerst kontrastreich (zur Aktualität siehe oben, Kap. 2).

Schau von Gottes Erbarmen im Brot

In einem jeden Brot ist die Erbarmung des allmächtigen Gottes verborgen. Und diese Erbarmung wird mitgenossen, sonst würde der Mensch sein irdisches Leben auch vom Brote nicht fristen können.

REIMSPRÜCHE

Ach Gott, wie bist du hochgestimmt
Und hast dich zu dem armen Sünder
So demutsvoll geneigt

Ach Gott, wie bist du so voller Güte
Daß du so gerne wohnst in des Menschen Gemüte
Des freut sich manche Seel, die deiner begehrt
Und wird manch großer Sünder dadurch bekehrt

Ach Gott, du bist ein adeliger Gast
Du wirkest in dem Menschen Tag und Nacht
Du gibst der Seele eine gute Frist
Daß dann des Menschen Leben ganz nach deinem
Willen ist

Des lob ich dich, Herr Jesus Christ
Daß du der Bronn aller Gnaden und Tugend bist
Du bist der barmherzigste Christ
Der aller Menschen Tröster ist

Meditationshilfe zum Reimspruch-Abschnitt «Du gibst der seel eine guete frist»

Leben wir noch in religiösen Erwartungen?

Das Konzil hat viel Neues gebracht. Auch in anderen Kirchen gibt es Aufbrüche: Der orthodoxe Pfarrer Dmitrij Dudko predigt in der Form des Interviews. Roger Schutz, der Prior von Taizé, hat den Protestanten das Ordensleben als christliche Alternative schmackhaft gemacht. Der Luciani-Papst, Johannes Paul I., hat schelmische Geschichten erzählt und damit in dreiunddreißig Tagen das Papsttum wieder populär werden lassen.

Und doch ist bei vielen Resignation zu Hause: «Es wird doch alles beim Alten bleiben!» So ein Gefühl, als ob uns die Wasser am Hals stünden: die Sintflut der Trägheit, der Umweltverschmutzung, der Drogenwelle, der Pansexualisierung. Alle schönen Pläne Gottes mit den Menschen werden vor die Hunde gehen ... Weil die Menschen die Alten bleiben!

Vielleicht können uns nur noch die Heiligen helfen! Menschen, die anders wurden, weil sie daraus lebten, daß Gott mit uns ist. Menschen, die glauben, daß Gott auch heute neu schafft. Menschen, die sich nicht beirren lassen, daß Gott bei uns Heimarbeit macht: der lächelnde Papst, der die Hoffnung als Pflicht verordnet; Schwester Teresa, der Engel von Kalkutta; Helder Camara, Luther King, Roger Schutz und Dmitrij Dudko. Und der Staatsmann, der den beschwerlichen Frieden mit Geduld und Gebet anstrebt.

Die Tatsache ist wichtiger als alle Reformbeschlüsse: «Gottes Geist macht die Kirche allzeit jung» (Vatikanum II). Und Kirche sind wir! Gott baut mit uns den neuen Himmel und die neue Erde (Jes 65,17–19; Offb 21,1). Mit uns gestaltet er das Stückwerk zum Ganzen (1 Kor 13,9), weil er selbst mit seiner Liebe in uns wohnt (Joh 17,26) und wirkt (Eph 2,10). Und wir sind am Verzweifeln!

Es bauet mancher hohe Burg und Stätte
Baute er statt des auf seinem Wesen
edle Rosenkulturen an
Wo Gott selber sich hineingelegt hätte

Wär alles Silber und alles Gold
Und alles Edelgestein an einen Schrein geschlagen
Vermöcht er doch keinen solchen Schein zu tragen
Als eine Seel tut, die da gewinnt den Heiligenschein

Es zieht mancher über Meer zum Heiligen Grabe
Daß er zum Ritter werd geschlagen
Das ist ein Ritter wohlgemut
Der Gott in seiner Seel tragen tut

Mensch, gedenk der Sonne breit
Wie sie so hoch am Himmel steht
Wie sie empfangen hat den Schein
So hat empfangen die Seele dein der ewigen Gottheit Schein

Meditationshilfe zum Reimspruch-Abschnitt «Ein ritter wolgemut, der gott in seiner seel tragen thuet»

Statt Fassaden nach innen bauen

Von der Sonne hat man errechnet, wie lange es dauert, bis sie verglüht ist. Von den Weltraumfahrzeugen, wie lange sie noch auf Kurs bleiben. Sich behaupten kann nur, sich verschenken kann bloß, wer Vorrat hat an Wärme, an Glanz, an Energie ... Alle Schönheit kommt von innen, sagen die Alten. Und Bruce Marshall hat einen Roman geschrieben: «Alle Herrlichkeit ist innerlich.»

Aber wir richten Fassaden auf, wir werben für Aufputz und sind aufs Eindruckmachen aus. Bis wir einem begegnen, der keine Maske trägt und den Aufputz versäumte, einem, der nicht auf Anerkennung aus ist, sondern Zeugnis von sich selbst gibt: von seiner Gebrechlichkeit und der inwendigen Kraft seines Herrn. So einer macht auf uns einen gewaltigen Eindruck: Sein Herz bringt Licht, teilt Sättigung aus, lädt zum Bleiben ein.

Alle Schönheit kommt von innen. Das war beim Menschensohn so. Das müßte bei jedem Christen so sein. «Lampe Gottes» nannten die Alten die Gotteskinder (1 Sam 3,3; Lk 11,34; 12,36). Die Rose bleibt das Symbol der Liebe, die sich von innen her auftut, in immer neuen Entfaltungen verströmt. Nur wer sich bemüht, das Leben Gottes in seinem Innern zu pflegen, vermag die Welt zu bereichern, zu wärmen und zu stärken, wird nicht als hohle Fassade in sich zusammenbrechen.

Tote begraben

Bekannte Leute bekommen eine von vielen Menschen besuchte feierliche Bestattung. Doch im Tod werden alle gleich; zum kleinen Weizenkorn, das in die Erde fällt, sich in Asche und Staub auflöst, aus welcher der Mensch geschaffen. In Christi Tod hineingestorben, sollen wir mit ihm auferstehen. Die Ehrfurcht vor solch dauerndem Leben verpflichtet uns zur Sorge um die Toten.

Zugehöriger Bibeltext von der Totenbestattung durch Tobias: Tob 1,20; 2,3–18; 12,11–15.

> Die vernunfft lernet dich das, das du den cörper erwirdrigcklichen begraben solt, dareine das hymelbrot ist gelegt worden. *PI*

Nach Anweisung des lieben Bruders Klaus habe ich dies Sargsymbol beim Altar gesetzt. Es soll das hochwürdigste Sakrament bedeuten, in das hinein Gott und Mensch wahrhaftig mit Fleisch und Blut einbeschlossen sind ... Gebührt es sich doch bei unserm Scheiden aus dieser Welt, daß wir uns mit der ewigen Speise speisen lassen. Stirbt der Mensch nach Empfang der ewigen Nahrung, so schuldest du ihm ein würdiges Begräbnis. Hast du deinen Herrn und Gott auch nur etwas lieb, so schuldest du es ihm. Willst du diese Seligkeit auch empfangen, so nimm dich der Bestattung (der Verstorbenen) an. *PI*

> Ein Vatterunser, als Jesus in dem drysgisten iar in dem Jordan gedouft ward, dass uns Gott hälf, dass wyr alle Sacramenta rächt verehrind ... als Jesus sinen heiligen lib gab zu einer spys ... dass sich Gott vereinbare zu aller kristenheit, sy syend läbendig oder dot ... zedanck Gott um die heiligen syben Sacrament, die är unss hatt zu einer artzny gän für all unser sünd. *Das gross Gebett*

Bruder Klaus, der in gerechter Sache gegen ungerechte pfarrherrliche Ansprüche für seine Gemeinde Prozeß führte, unterscheidet zwischen Amtsträger der Kirche und menschlicher Person. Die Person bleibt fehlbarer Mensch. Im Amtsträger sieht er einen Engel Gottes, ein Angebot des Himmels, eine sakramentale Gegenwart Gottes unter den Menschen: jenen geheimen Himmelsspeicher, über den Klaus seinem Pfarrherrn Isner anvertraute: «Wenn er bei der Meß sei und der Priester das Sakrament genieße, dann empfange er davon eine Stärkung, daß er ohne Essen und Trinken sein möge. Sonst möcht er es nicht erleiden» (Gundolfingen).

Im Sachsler Kirchenbuch bezeugt Bruder Klaus den Zusammenhang zwischen seiner Nahrungslosigkeit respektive seiner ausschließlichen Ernährung aus dem eucharistischen Brot und seiner ehelichen Enthaltsamkeit. Er spricht in einem Zug von drei großen Gnaden: die von Frau und Kindern erhaltene Erlaubnis zur Freiheit, «ein einig Wesen» mit Gott zu führen, sein Freisein vom Heimweh nach der Familie und seine leibliche Nahrungslosigkeit.

Damit kommt ihm das Empfinden und Überzeugtsein von Werner Bergengruen sehr nahe:

Was dem Herzen sich verwehrte
laß es schwinden unbewegt
Allenthalben das Entbehrte
wird dir mystisch zugelegt
Liebt doch Gott die leeren Hände
und der Mangel wird Gewinn

Immerdar enthüllt das Ende
sich als strahlender Beginn
Jeder Schmerz entläßt dich reicher
preise die geweihte Not
Denn aus nie geleertem Speicher
nährt dich das geheime Brot[1].

Zwar ist jedes Brot Bruder Klaus heilig. Auf das natürliche vermag er durch besondere Gnade zu verzichten. Auf das Brot der Engel hingegen nicht. Und von seinem Zellenfenster in die Kirche hinein, auf den Altar, weicht er stundenlang nicht.

Im *großen Gebet* finden wir frühbekannte Wurzeln dieser kirchlichen Frömmigkeit:

Nachdem Jesus den Jüngern die Füße gewaschen hatte, setzte er sich wieder zu Tisch, nahm das Brot in seine heiligen Hände, segnete es, brach es, gab es seinen Jüngern und sprach: «Nehmt hin und esset, das ist mein Leib, der für euch hingegeben wird.» Dann nahm er den Kelch, dankte seinem himmlischen Vater, segnete ihn und sprach: «Trinket alle daraus, das ist mein Blut, das für euch und für viele Menschen vergossen wird zur Vergebung der Sünden. Sooft ihr dies tut, tut es zu meinem Andenken.
• Betet drei Vaterunser.

Hierauf hielt Jesus seine Abschiedsreden und sprach sein hohepriesterliches Gebet. Er tröstete und ermunterte seine Jünger bis in die Nacht hinein. Erforschen wir unser Gewissen, ob wir nicht durch Wort und Tat oder in Gedanken die heiligen Sakramente und Zeremonien, das priesterliche Amt und die Predigt gleichgültig übergehen.

1 *W. Bergengruen:* Die himmlische Rechenkunst, in: Die heile Welt. Gedichte, Zürich (Arche) 1952.

- Betet drei Vaterunser.

Longinus, einer der Soldaten, stieß mit einer Lanze in die Seite des Erlösers, und sogleich flossen Blut und Wasser heraus. Damit wollte uns der Heiland lehren, die Sakramente zu schätzen als die heilsamen Brunnen, die von der Urquelle der göttlichen Gnade herströmen, um uns von den Sünden zu reinigen und um uns zu befähigen, einst am innergöttlichen Leben des allmächtigen Gottes teilzunehmen. Danken wir für die große Treue und Liebe, die Gott für alle Menschen hat, welche gewillt sind, seine Gebote zu befolgen.

- Betet drei Vaterunser mit aufgereckten Händen.

Lasset uns auch beten für alle, die in diesem Gotteshaus sind und in diesem Kirchgang noch leben, wie auch für alle, die daraus verschieden sind ...

Herr, unser Gott, wir danken dir, daß du unseren Altvordern in ihrer Bedrängnis so oft geholfen hast, ihren Feinden zu widerstehen und sie zu überwinden. Du hast ihnen die Kraft und die Gnade geschenkt, die wahre katholische Kirche und deren Oberhaupt, den römischen Papst, zu beschützen. Der Heilige Vater in Rom und der christliche Kaiser haben unseren Altvorderen die Freiheit bestätigt. Unsere Väter haben ihren Bund in deinem Namen begonnen und mit einem Eid bekräftigt. Zum Zeichen dafür, daß wir deine Bundesgenossen geworden sind, wurden wir mit dem heiligen Zeichen des Kreuzes beschenkt, das wir im Landesbanner führen. Allmächtiger Gott, gibt uns und den Unsrigen Gnade und Erkenntnis, auch fürderhin die Christenheit und unser liebes Vaterland zu beschützen und zu beschirmen.

- Betet drei Vaterunser kniend.

Die Kirche prüft

«Das ist ein großer Heiliger gewesen!»
Zeugnis des heiligen Karl Borromeo 1570 über Bruder Klaus nach dem Zeugnis des Landammanns Melchior Imfeld

Im Folgenden wird das älteste Schriftstück über Bruder Klaus wiedergegeben, datiert von 1469.

Bischof Hermann von Konstanz: Auftrag an Weihbischof Thomas zur Prüfung des Wunderfastens von Bruder Klaus

... Gruß im Herrn und Anempfehlung getreuer Besorgung des Auftrages. Schon in vergangenen Tagen wurde uns zu Ohren gebracht, wie in Unterwalden und fast im ganzen Gebiet der Eidgenossen ein nachhaltiges Gerücht, unbekannt, durch welche Machenschaften oder Verursachung, entstanden sei und durch das Zeugnis vieler bestätigt werde, daß ein gewisser Laie, Niklaus von Fluocht genannt, ein Mann von lobenswertem Lebenswandel bei Gott dem Allmächtigen, so viel durch seine Tugendwerke erlangt und zustande gebracht, daß dieser glorreiche Gott, dem alles bekannt und möglich, diesen Niklaus schon mehrere Monate und Tage über ein Jahr hinaus ohne menschliche Nahrung und irdische Speise durch himmlische Stärkung in einer waldigen Gegend oder Schlucht wunderbar erhalten habe und heut noch erhalte. Dieses Gerücht wuchs derart an und verbreitete sich, daß viele umwohnende Leute beiderlei Geschlechts, sowohl geistliche als weltliche, ihm Glauben schenken und darum täglich oder bei passender Gelegenheit jenen Niklaus und seine Wohnstätte besuchen und dahin einen großen Zulauf haben, indem sie glauben, er sei ein heiliger Mann und sie könnten damit ein Verdienst erlangen, d. h. nicht geringe Gnaden davontragen.

Da aber aus wohlüberlegten Wahrscheinlichkeitsgründen sich der lebhafte Verdacht aufdrängen könnte, daß hinter all diesen genannten Tatsachen ehrgeizige und betrügerische Machenschaften stecken, und da zu befürchten ist, daß, wo nicht mit raschen und geeigneten Mitteln eingegriffen wird, die einfältigen Schäflein Christi verführt werden und in Irrtum und Aberglauben versinken und dadurch nicht geringes Ärgernis und Seelengefahr entstehen könnten, und weil es unsere Pflicht ist, dies nach Kräften zu verhüten, so sind wir begierig, über all dies die Wahrheit zu erfahren. Es soll alles genau untersucht werden, da ja nach dem Apostelwort der Engel der Finsternis sich nicht selten in einen Engel des Lichtes verwandelt und Zeichen tut, welche nicht auf dem Fundament des Glaubens beruhen und darum ignoriert werden sollen. Wer die Zauberer Pharaos, die nach dem Zeugnis der Heiligen Schrift Zeichen taten, oder die Eselin Balaams, die mit dem Weissager redete, als verehrungswürdig verkündete oder aufzählte, ist geistig nicht gesund.

Wir geben deshalb Eurer Amtsperson, deren Urteil wir hochschätzen, den Auftrag, durch geheime Nachforschung und eifrige Verhöre, nachdem Ihr die dazu geeigneten Mittel und Wege erkannt habt, kraft unserer übertragenen Autorität, Euch über die obgenannten Verhältnisse und deren nähere Umstände eingehend und genau zu informieren und was Euch begegnet und Ihr durch Gerücht und Zeugnis als bewiesen oder wahrscheinlich erfahren habt, uns baldmöglichst mitzuteilen, damit wir diesbezüglich das Heil der Gläubigen wahrnehmen können.

Gegeben in unserm Hof zu Konstanz im Jahre 1469 usw. ... unter unserm bischöflichen Siegel, das diesem Brief angehängt ist. *D/NS*

Dem herrn Oswald Yssner, kilchherr zû Kerns, hat bruder Clauss in syn hussly mit grosser heimlichkeit geseyt, was er by der mess sye und der Priester das sacrament (ge)nyesse, denn enphache er darvon ein uffenthalt (Stärkung), das(s) er ô(hne) essen und ôn trinken sin mag, wann sust môcht er das nit erlyden. *KI*

Bericht über die Untersuchung

Unter anderem stellte der Weihbischof Thomas Nikolaus die Frage, welches die größte und Gott wohlgefälligste Tugend sei, und als er antwortete: der Gehorsam, nahm Thomas sofort Brot und Wein, die er zur Probe bei sich trug, brach das Brot in drei Bissen und befahl ihm kraft des Gehorsams zu essen. Nikolaus wollte dem Prälaten sich nicht widersetzen, aber er fürchtete die Schwierigkeit infolge der langen Entwöhnung und erbat sich die Erlaubnis, nur eines der Stücke essen zu müssen. Er konnte es, in drei kleine Teilchen zerteilt, nur mit größter Mühe genießen und auch das Schlücklein Wein vermochte er kaum ohne Brechen zu schlürfen. Darüber bestürzt, erklärte der Kirchenfürst den Mann als völlig bewährt und zeigte auch an, daß er nicht aus persönlichem Mutwillen, sondern im Auftrag des Oberhirten mit ihm dieses Experiment angestellt ... Später kam der Nachfolger von Bischof Hermann, Bischof Otto, in die Einsiedelei zu dem seligen Mann, und nachdem er mit ihm viel über dies und das gesprochen, rühmte er sein Leben und seine Sitten lebhaft und erklärte öffentlich, daß er sich beglückwünsche, weil der barmherzige Gott einen solchen Eremiten in seinem Bistum erweckt habe, der ihm in allen Angelegenheiten reichlicheres Glück verschaffen werde. *WOE*

7. DAS GEHEIMNIS DES DREIEINIGEN

Ein ebenmäßiges, gekröntes Christushaupt bildet die Mitte und füllt beinahe den inneren Kreis. Der heutige Betrachter hat etwas Mühe, sich für die Richtung der auslaufenden und einlaufenden Strahlen festzulegen, die das Haupt mit dem zweiten großen Kreis der Schöpfung verbinden. Die populär gewordene Laufrichtung der Strahlen ist indes nur in bezug auf die äußeren Medaillons von Belang. Und auch neue Auslegungen können der Meditation dienen. Auf jeden Fall ist das trinitarische Moment daran von Bedeutung.

die drey person geent aus der einen gotheit,
umgreiffen himel und alle Welt *PI*

«In Gott fällt der Mittelpunkt des Kreises und seine Peripherie zusammen!» Das ist eine Kurzformel mittelalterlicher Theologenlehre und Mystikermeinung über den unergründlichen Gott[1]. Aus dieser Lehre schöpfend, macht Bruder Klaus seine nachhaltigste Gotteserfahrung. Aber die erfahrene und empfundene Wirklichkeit einer Vision wühlt mehr auf als die gedachte und durchreflektierte Theorie. Sein Herz droht vor Schreck in Stücke zu zerspringen. Das Erlebnis des Einsiedlers vor dem am Nachthimmel drohenden Gott scheint für ihn alle früheren erschreckenden Forderungen Gottes an den Flüelibauern nochmals aufblitzen zu lassen, für deren Bewältigung er zwei Jahre der Leidensbetrachtung gebraucht hat. Er verliert nicht den Glauben wie der fromme galizische Jude Mendel Singer im Roman von Kehlmann, als ihm der «zornige» Gott, wie einst dem Hiob, Frau und Kinder und damit jede Hoffnung nimmt.

Der Schreck bleibt für Bruder Klaus nur die eine Seite. Die Erfahrung des kosmischen Weltenherrschers und Richters trägt trinitarische Züge. Das schließt in sich, daß sich der Schöpfer auch seiner Schöpfung zuwendet. Mittelpunkt und Peripherie fallen zusammen. Gott mit dem Menschenantlitz steht zum Menschen.

Und der Himmel gab eine Hälfte her
und die Erde gab eine Hälfte hoch
als das Obdach am Rand aller Sinne[2].

1 *A. Rosenberg*, S. 184.
2 *Ch. Lavant:* Fragmente aus: Früher war ich nie freudig genug, in: Spindel im Mond, Salzburg, zit. in: *Bloching*, a. a. O., S. 115.

Der Schock des Sehers wird in der Radskizze aufgearbeitet. Diese beschäftigt Bruder Klaus so sehr, daß er sie dem Pilger Ulrich zeigt. Die Reflexion bringt das Bewußtsein der Menschwerdung Gottes zum Schwingen: Der trinitarische Gott nimmt sein Menschenantlitz aus seinem ewigen Plan, aber er verwirklicht es in der Zeit. Das überwältigend Schreckhafte in Gott verschmilzt mit dem menschenfreundlich Faszinierenden seines Wesens, das bräutliche Züge annimmt. Im Sakrament wird es für den Gläubigen greifbar. Der Gottesfreund kehrt aus dem Schrecken in Gottes Freude heim, in jene Freude, von der bei Grundelfingen und Wölflin, den bedeutendsten Urbiographen, so oft die Rede ist. Die Freude, nach der der heutige Mensch lechzt:

Jemand nahm meine Augen zu sich
jemand belauschte mich mit meinem Gehör
aber mein Herz – voll von stählerner Freude –
geht jetzt quer durch das deine[1].

In den ein- und auslaufenden Speichen läuft Gottes Leben hin und zurück wie der Wellenkreis eines Teiches, dessen Mitte ein Steinwurf aufgewühlt hat. In den Reimsprüchen artikuliert sich diese Erfahrung im Echo: «Gott, der drei Namen trägt, ist der Wirker in unserm Gemüt.» Er läßt uns im Schrecken nicht allein.

Schon im Mutterschoß hat der dreieinige Gott das werdende Leben mit Bildern angeleuchtet, die weiter wirken. Im Familienleben ist Klaus der dreieinigen Harmonie so nahe gekommen, daß er nur unter vielen Schmerzen von ihr wegzulocken war in die noch sublimere, intensivere und ausschließlichere Gemeinschaft mit Gott, bei dem er eine «restlose Sättigung» empfand.

1 *Ch. Lavant,* a.a.O., . 115.

Das Bruder-Klaus-Gebet wird zur Kurzformel unseres menschlichen Suchens nach Gemeinschaft mit jenem Gott, in dem der Mittelpunkt des Kreises und seine Peripherie zusammenfallen.

VISIONEN

> Lernte er nicht auch in jener Hochschule des Heiligen Geistes jene Darstellung des Rades, durch die er das ganze Wesen der Gottheit widerstrahlen ließ? *GU*

Die Gottesvision, seine letzte bekannte Vision zwischen 1774–78 ist gleichsam die Summe seiner Gotteserfahrungen. Aber wie einst dem Apostel Paulus verschlägt dieser Höhenblick auch Bruder Klaus die Sprache.

Die große Vision

Wer immer zu Bruder Klaus kam, alle wurden beim ersten Anblick von großem Schreck befallen. Er selber gab als Grund dieses Schreckens an, daß er (einst) einen riesigen Lichtglanz gesehen habe, der ein menschliches Antlitz umgab; bei dessen Anblick habe er gefürchtet, sein Herz möchte ihm in kleine Stücke zerspringen. Deshalb habe er erschrocken sein Antlitz sogleich abgewandt und sei zur Erde gestürzt. Darum sei sein Anblick jetzt schreckhaft. *WOE*

Das mißdeutete Zeugnis eines Ranftbesuchers um 1503; Bovillus gibt das Zeugnis zwischen 1508–10 weiter:

Ich will ein Gesicht berichten, das Bruder Klaus einst in einer sternhellen Nacht, da er dem Gebet und der Betrachtung oblag, am Himmel erschien. Er sah das Bild eines menschlichen Hauptes, mit fürchterlichem, von Zorn und Drohung erfülltem Ausdruck. Es trug eine dreifache oder päpstliche Krone, in deren Mittelpunkt oder Spitze eine kleine Weltkugel eingelassen war; auf dieser Kugel war ein Kreuz befestigt. Ein dreigeteilter Bart hing ihm lang herunter. Sechs Schwertklingen ohne Handgriff schienen in wechselnder Richtung aus dem Angesicht auszugehen. Die eine ging mitten aus der Stirn nach aufwärts, mit dem breiten Teil in der Stirn haftend und mit der Spitze die Kugel oder das Kreuz der Krone durchdringend. Andere zwei gingen von den beiden Augen aus, die Spitzen in den Augen behaltend, während der breitere Teil auswärts ragte. Zwei brachen aus der Nase, mit dem breiteren Teil in den Nasenlöchern. Die sechste streckte die Breitseite nach auswärts und steckte mit der Spitze im Mund. Diese Schwerter schienen alle gleich. Diese Vision ließ er in seiner Zelle malen, ich habe es gesehen und im Gemüte erfaßt und in mein Gedächtnis eingeprägt. Da mir wahrhaftig die Bedeutung verborgen geblieben (wiewohl es durch seine Schreckbarkeit zu verstehen gibt, daß nicht leichte Donnerschläge die Menschheit bedrohen), so kannst Du vielleicht besser deuten, was es sei und was Gott damit will . . .

An Nikolaus Horius, Reims

«*Zwischen dem lachenden Bruder Klaus* von 1474 und dem Schrecken auslösenden von 1478 liegt die furchtbare Vision» (Blanke, Bruder Klaus von Flüe, a. a. O., S. 37). Es mag ein ähnlicher Vorgang gewesen sein wie bei Mose (Ex 34,30).

Der Bericht des Bovilius aus der Erinnerung auf fünf Jahre zurück bleibt weitgehend an Nebensächlichkeiten hängen. Daß er die Strahlen als Schwerter mißdeutet, ist wohl von den Vorstellungen der Geheimen Offenbarung beeinflußt (Offb 1,16).

Wölflins kürzerer Bericht ist viel monumentaler. Mit Recht kann man sich C. G. Jungs Meinung anschließen «daß das Radbild eine Verarbeitung der ‹schrecklichen Vision› darstellt» (M. L. von Franz, S. 117).

«Bruder Klaus zeigte dem ihn besuchenden Pilger das Radbild. Offenbar hat ihn dieses Bild beschäftigt ... Das Interesse ... muß einen Grund haben. Derartige Visionen bewirken häufig Verwirrung und Auflösung (das Herz, das in Stücke springt!). Die Erfahrung lehrt, daß der ‹hegende Kreis›, das Mandala, das althergebrachte Antidot (= Gegengift, Medizin) für chaotische Geisteszustände ist. Es ist darum nur begreiflich, daß Bruder Klaus fasziniert war vom Radsymbol ...» (C. G. Jung, ebd., S. 13). So urteilt der Psychologe. Er sieht also für die Aufarbeitung seines gestörten Gleichgewichts (erschreckendes Aussehen!) in der Symbolskizze zum traditionellen Dogma eine Hilfe. Eine Hilfe, seinem Erlebnis Ausdruck zu geben «in einer dem menschlichen Auffassungsvermögen erträglichen Art und Weise, ohne den Umfang des Erlebten wesentlich zu beeinträchtigen, noch dessen überragenden Bedeutung schädlichen Abbruch zu tun» (ebd., S. 15).

Das Erschreckende und Beglückende in Gott liegt allerdings für Bruder Klaus sehr nahe beieinander. «Das Gesicht des göttlichen Zorns», wo die sündige Menschheit in der Pilatusvision «des Mannes Antlitz nicht zu ertragen vermochte» (vgl. Kapitel 2), wurde von ihm eben noch «mit merklicher Lust und Verlangen» ... «unverdrossen angesehen», und kurz danach wird Bruder Klaus inne, daß «jener an ihm eine solche Liebe trug», die er «nicht verdiente» und von der er «restlos gesättigt war». Diese Vision, in der sich der Unschaubare im Menschenantlitz offenbart, zeigt aber auch «die königliche Art, mit der dieser Einsiedler in die Erkenntnis der Abgründe (dieser göttlichen Herrlichkeit) hineingeschritten war» (Ch. Journet, S. 33). Ist doch neben der Vision auch eine innere Erleuchtung über das im Trinitätsbegriff enthaltene Wesen und Leben Gottes und sein Wirken nach außen beschlossen, das jenes des theologisch geschulten Pilgers im PI übersteigt.

Die Mystik kennt die Tatsache, daß außerordentliche Gotteserfahrungen nicht selten im Rahmen vorausgehender Stoffverarbeitung auftreten, aber zu neuen Durchbrüchen führen. Ein Vergleich aus der dem Bruder Klaus bekannten Seuse-Literatur könnte einen solchen Anstoß gegeben haben: der Steinwurf ins ruhige Wasser mit den hin und her flutenden Wellenkreisen. Oder die Belehrung Seuses an seine geistliche Tochter Elisabeth Stagel über «das Ausfließen der Person aus Gott» als «ein förmliches Bild des Ursprungs der Kreatur» und «Vorspiel des Widerfließens der Kreatur in Gott» und andere mehr (vgl. Stöckli, S. 54 ff.).

REIMSPRUCH

Was schenken wir dem adeligen Gast,
Den wir so dringlich nun zu uns geladen?
Stete Liebe sei das Glas
Der freie Wille klarer Wein
Mög Gott vom Himmelreich uns allen willkommen sein
Solchen Adel lobt man angepaßt
So setzen wir Gott zu uns als lieben und werten Gast!
Weisheit sollen wir ihm schon bereiten
Darin will Gott haben ein gut Geleite
Die drei Gottesnamen sind Wirker im Gemüte
Gott, der ist unser Behüter

Wo Gott selber ist, da gebricht
es an Weisheit nicht
Die Seel muß in kindlicher Unschuld und Lauterkeit stehen
Da Gott selber in ihr möcht spazieren gehn
Warum gibt Gott der Reinheit so süßen Gruß?
Darum, daß er nimmt der Süßigkeit Lust
Wie das Bienlein tut von der Maien Blust

Meditationshilfe zum Reimspruch-Abschnitt «Setzen wir gott zue unns als lieben werden gast»

Im Alleinsein geht der Mensch zugrunde

Vereinsamung heißt das Schreckgespenst unserer Tage: nur nicht allein durchs Leben gehen, nur nicht allein die Tage und Nächte verbringen, nur nicht allein die Verantwortung tragen, nur nicht zu den Einsamen gehören. Die Kontinente sind einander näher gerückt, Distanzen werden im Nu überbrückt. Die Menschen wohnen kompakt wie in

Waben. Sind wir einander näher gekommen? Selbst in den Kirchen greifen Isolation und Emigration um sich, obwohl der Herr vor zweitausend Jahren die Christenheit als Gemeinschaft begründet hat, mit Berufung auf die Gemeinschaft von Vater, Sohn und Heiligem Geist (1 Joh 1,3). Ob Vereinsamung und Glaubensschwäche miteinander zu tun haben? – Haben wir bei den vielen Parties den Gast aus dem Jenseits zu laden vergessen? Fehlt in unseren Geschenkkatalogen das Angebot für den Herrn? Nur der Weise versteht den Weisen, nur der Gottesfreund kann Gottes Freund sein (Weish 7,14). Nur wer Geschmack am Jenseits findet, kann Jenseitiges einfangen. Nur wer seinen freien Willen Gott anbietet (Weish 6,13–18; 8, 2–9; 21), wird Gottes innewerden, den Gott aller Menschen, da er «Wohnung bei ihm nehmen wird» (Joh 14,21–23; Weish 1,4). Alleingelassene sind wir nur, wo Gott uns fehlt (Joh 8,29). Er bleibt Geschenk (Weish 9,10). Doch erst indem wir uns ihm zuwenden, werden wir es fassen. Einsamkeit reift zur Gemeinschaft, wo wir seinen Bund mit uns Menschen heilig halten. Seine Gemeinschaft bringt Einsicht und Durchblick, den Schlüssel zu sinnvoller Gestaltung des Lebens (Weish 8, 7). Gott wird Gast, wo der Mensch ihm auftut.

DAS VISIONSBILD BEGINNT SICH ZU KRISTALLISIEREN

> Und er hueb widerumb an czue reden und sprach czue mir: Ob mich nitt verdruss, ich wolt dich auch sehen lassen mein buech, darinn ich lern und suech die kunst diser lere. Und er trueg mir her verczaichnet ein figur in der geleichnus als ein rad mit sechs spaichen. *PI*

Im Pilgertraktat findet sich eine gut verbürgte Eigenauslegung des Radbildes durch Bruder Klaus im Frühstadium der Skizze.

Und er (Bruder Klaus) hob wiederum an zu reden und sprach zu mir: Wenn es mich nicht verdrösse, so wollte ich dich auch mein Buch sehen lassen, darin ich lerne und die Kunst dieser Lehre suche. Und er trug mir eine Figur her, gezeichnet gleich wie ein Rad mit sechs Speichen, in der Art, wie hernach folgt.

Und er hob an und sprach zu mir: Siehst du diese Figur? Also ist das göttliche Wesen in dem Mittelpunkt, und das ist die ungeteilte Gottheit, darin sich alle Heiligen erfreuen. Die drei Spitzen, die da gehen in den Punkt des inwendigen Kreises, das sind die drei Personen und gehen aus von der einen Gottheit und haben umgriffen den Himmel und dazu alle Welt. Die sind in ihrer Gewalt. Und wie sie ausgehen in göttlicher Gewalt, so gehen sie ein und sind einig und unteilbar in ewiger Macht. Das bedeutet diese Figur ...

Wie du siehst, (ist) in dem Rade von dem inwendigen Punkt des inneren Kreises eine große Breite und endigt in eine kleine Spitze. Nach Bedeutung und Form der Speichen ist also der großmächtige Gott, der alle Himmel umfaßt, in der Art eines kleinen Kindleins aus der höchsten Jungfrau, ohne Verletzung ihrer Jungfrauschaft eingegangen und ausgegangen.

Denselben zarten Leib hat er uns gegeben zu einer Speise mit seiner unteilbaren Gottheit. Wie du siehst an dieser Speiche, die auch breit ist bei dem inneren Kreis des Mittelpunktes und draußen klein ist gegen den äußeren Kreis, so ist die Großmächtigkeit Gottes des Allmächtigen in dieser kleinen Substanz der Hostie.

Nun beachte eine weitere Speiche des Rades, die auch breit ist bei dem inneren Kreis und gegen den äußeren hin klein, das ist die Bedeutung unseres Lebens, die gar klein und vergänglich ist. In dieser kurzen Zeit vermögen wir durch die Liebe Gottes eine unaussprechliche Freude zu verdienen, die nimmer ein Ende nimmt. Das ist die Bedeutung meines Rades. *PI*

Wurzeln schlagen im Vater, im Sohn, im Heiligen Geist

> Nun merck mer ein spaichen des rads, die auch breit ist bei dem innern zirckel und gen dem aussere klein, das ist die bedeütung unsers lebens, die gar klein und czergengklich ist. In der selben kleinen czeit, do mügen wir verdienen durch die liebe gottes ein unaussprechenliche freüd, die da nimmer end nympt. *PI*

Im Hinblick auf eine Gemeinsamkeit des Denkens und Handelns mit dem dreieinigen Gott sollen wir Gläubigen nach der Weisung des frühchristlichen Märtyrerbischofs Ignatius «in den drei Personen Wurzeln schlagen» (Ign. Antioch. 13,1 f.). Beispiel und Lebenshaltung des Bruders Klaus könnten dem heutigen Menschen dabei helfen. Denn in Radskizze und Visionsbild, durch die Bruder Klaus seine erschreckende Gotteserfahrung verarbeitete, wird auch einem heutigen Zeitbedürfnis Hilfe geboten. «Das trinitarische Geheimnis, das dem grübelnden Verstand des jungen Menschen am meisten zu schaffen macht, wird der geistlichen Erfahrung des Älteren immer plausibler. Es bleibt ein Geheimnis, aber eines, das man gerne glaubt, weil es immer mehr einleuchtet.» Walter *Dirks* vergleicht es mit dem Geheimnis der Gegenwart des Herrn in der heiligen Eucharistie und sucht das Einleuchtende von Gottes Dreiheit in der Einheit zu erläutern, indem er fortfährt: «Hier wird nicht über Tatbestände verfügt, die man in Begriffe packt, hier erfährt einer, daß über ihn, daß über uns verfügt worden ist in einer alle Begriffe übersteigenden Souveränität. Aber in einer Souveränität, die der Erfahrung nicht absurd bleibt, sondern die ihr – wie sagte ich? –, die ihr ‹einleuchtet›, die Vertrauen erweckt, zwar zugleich auch Staunen und Bestürzung, aber ein Staunen, das die Vernunft und das Herz überzeugt, indem es sie überwältigt – die Vernunft und das Herz, die eines sind, die Mitte des Menschen.»[1]

Vernunft und Herz werden von Radsymbol und Visionsbild angesprochen im Geist jener Zeitforderung, wonach man dem Gläubigen «den Tisch bereiten muß, in dem ihm nicht Speise für einen Gelehrten, sondern für einen ausgehungerten Erwachsenen vorgesetzt wird... Man kennt (zwar) das Apostolische Glaubensbekenntnis, aber welcher Christ verspürt heute noch ... jene Glut in sich, die seine Brüder in den ersten Jahrhunderten angesichts drohender Häresie in Harnisch brachte? Oder die Glut der Katechumenen, die in den Taufbrunnen hinabstiegen, um, von der Liebe erfüllt, ihre Hingabe an Gott den Vater und den Sohn und den Heiligen Geist zu bekennen.»[2] Und wir fügen hinzu: Oder die Glut der Einsiedler, die aus erfolgreichem Weltleben ausstiegen, um das verborgene Leben in Gott zu suchen?

Denn nachdem die Theologen die sichtbare Sendung des Sohnes und des Heiligen Geistes in dieser Welt aufgrund der Schriftaussagen besonders bei Johannes und Paulus betrachtet hatten, tasteten sie sich zu den weniger leicht feststellbaren, unsichtbaren Aussagen vor: zur Einwohnung Gottes im Herzen der Gerechtfertigten; zur Vergöttlichung und Gottes Wohnungnahme im Menschen (Joh 14,23; 17,23). Man realisierte nach und nach besser die Konsequenzen der Präsenz des Sohnes (Gal 2,20; Röm 8,10; Eph 3,17) und des Heiligen Geistes (1 Kor 6,19; 12,11; Gal 4,6). Da der Sohn Vorbild des Christen ist, ergibt sich, daß des Christen Lebensstil, seine Spiritualität auf möglichste Eingliederung in die Gemeinschaft mit dem dreieinigen Gott

1 *W. Dirks:* Der trinitarische Gott, in: Kutschki, Gott heute, Mainz 1967. S. 107.
2 *B. Piault:* Der dreieinige Gott (Enzyklopädie V/2), Aschaffenburg 1956, S. 7.

zielt. Solche Einsicht war für die Bewegung der Mystik bester Mutterboden. «Der Mensch ist ein lebendiges Wesen, nicht wenn er irgendwie handelt und sich hingibt, sondern wenn er Gott empfängt und sich ihm hingibt. Die Quelle des Lebens ist die heilige Dreieinigkeit.»[1] Auch gibt es ohne Gott keinen Lebenssinn mehr und keine ehrfürchtige Aufmerksamkeit für andere, jene unterscheidende Frucht der Liebe.

Der Unerfahrene steht erst ratlos vor dem Radsymbol. Es muß ihm klargemacht werden, daß es drei Schichten umfaßt. Vom Punkt im inneren Kreis, der das Wesen Gottes bezeichnet, stößt man in den äußeren Kreis der Entfaltung der unfaßbaren Fruchtbarkeit des innergöttlichen Wesens vor. In einer zweiten Schicht eröffnet sich der äußere Kreis als Kosmos einer Vielgestaltigkeit geschaffener Dinge und Personen, wie sie in der Visionstafel in einigen Heilsgeheimnissen angedeutet ist. Die innergöttliche Bewegung flutet in die Schöpfung und prägt sie, erhält aber auch das Echo dankbarer Rück- und Einkehr in die göttlichen Urgründe. In der dritten Schicht erlebt sich der meditierende Mensch als Abbild Gottes, der mit seiner Seelenspitze in Gott ruht, ihn in sich wohnen weiß, und nun zur Entfaltung, zur Erschließung dieser Familiarität mit Gott aufbricht. Die Seelenkräfte erwachen, das Aus- und Einatmen wird bewußt, Gottes Herrschaft beginnt mit vollzogen zu werden, man bricht zur Nachfolge auf im seligen Wissen des urchristlichen Märtyrerbischofs Ignatius: «Du hast Wurzeln geschlagen im Vater, im Sohn und im Heiligen Geist.»

1 *B. Piault,* a.a.O., S. 153.

Dreieinigkeit und Bruder-Klaus-Gebet

> bättend Gott dem Vatter, und dem sun und dem helgen geist, das uns Gott hälf solches anzefachen und zu folbringen immer zelob ehr und danck
> in den gwalt Gott dess Vatters, und in die stercki Gottes suns, und in die erbärmd Gott des heiligen Geists *Das gross Gebett*

Dem Gläubigen «den Tisch bereiten . . ., indem man ihm nicht Speise für einen Gelehrten, sondern für einen ausgehungerten Erwachsenen» vorsetzt, kann in schwierigen Thematiken mitunter bedeuten, daß der Theologe aller Zeiten, auch der modernen, versucht, Gleichnisse und Bilder zu finden in der Umwelt des Gläubigen, genauso wie es der Herr im Evangelium tut. Mögen Bilder auch immer unzulänglich sein und mögen Vergleiche stets hinken, wir kommen in ihnen von verschiedenen Seiten näher an die Wirklichkeit heran als mit Begriffen, über die wir verfügen und dabei aneinander vorbeireden.

Joseph Kardinal Ratzinger erleichtert dem Zeitgenossen das Eindringen in unser höchstes Glaubensgeheimnis durch eine physikalische Denkhilfe: «E. Schrödinger hat die Struktur der Materie als ‹Wellenpakete› definiert und damit den Gedanken eines nicht substanziösen, sondern rein aktualen Seins gefaßt, dessen scheinbare ‹Substanzialität› in Wahrheit allein aus dem Bewegungsgefüge sich überlagernder Wellen resultiert.» Bei aller Anfechtbarkeit dieser These im physikalischen und gar philosophischen Bereich, stellt Ratzinger diese Vorstellung als hilfreich hin zur Erfassung des dreieinigen Wesens: «Es bleibt ein erregendes Gleichnis für die actualitas divina, für das schlechthinige Aktsein Gottes, und dafür, daß das dichteste Sein-Gottallein in einer Mehrheit von Beziehungen, die nicht Substanzen, sondern nichts als ‹Wellen› sind, bestehen und darin ganz eines, ganz die Fülle des Seins bilden können.»[1]

«Den Tisch bereiten ... für ausgehungerte Erwachsene» bedeutet auch: ihnen gehaltvolle, einfache und wiederholbare Gebete vorlegen. Dazu gehört das Bruder-Klaus-Gebet, «das bekannte und einzig populär gewordene Stoßgebet» (Durrer). Seine zweite, jetzige Fassung kann nicht als Original des Eremiten gelten, was nicht von der ersten gilt, die wir anschließend bringen. Eine dreifaltige Dimension ist nachgerade nicht in Abrede zu stellen, wie etwa: klare Dreiteilung, Einbeziehung des Christen in die trinitarische Entfaltung Gottes (Erfahrung individueller Neuschöpfung, persönlich zuteil gewordener Erlösung und Heiligung durch den Geist). Bei dieser populär gewordenen zweiten Fassung geht es um ein «Handlungsmuster» (H. Stirnimann) für den Partner Gottes:

O herr, nimm von mir
Was mich wendt von dir

O Herr, gib auch mir
Was mich koert zu dir

O Herr, nimm mich mir
Und gib mich eigen dir *2. Fassung*

Die erste der beiden Fassungen dürfte eine authentische Bruder-Klaus-Überlieferung sein, welche nach Stirnimann, Amschwand und Ruh, erst neulich gefunden, auf 10 Jahre nach dem Tod des Heiligen datiert wird. Volkstümlicher und schwerfälliger, liegt sie mit einer Ausnahme in sämtlichen Handschriften vor. Sie scheint aus einer Prosaversion hervorgegangen zu sein:

1 *J. Ratzinger:* Einführung in das Christentum, München 1968, S. 136.

O min got und min her, nim mich mir
und gib mich gancz zuo eigen dir!

O min got und min her, nim von mir
alles das mich hinteret gegen dir!

O min got und min her, gib mir
alles das mich fürderet zuo dir!

Bewußte oder unbewußte Verbindungslinien zu Seuse sind festzustellen. Es läßt sich ein eucharistisches Verständnis finden, das bis Augustinus (Confessiones VII, 10,16) zurückgeht, und ein trinitarisches; letzteres aus den Bewegungsrichtungen «nehmen-geben», «fördern-hindern» oder aus dem Ziel des Gebetes: Austreiben des Ich und Einwohnung Gottes (vgl. das hohepriesterliche Gebet Joh 17). Es ist «in einer breiten und reichverzweigten christlichen Gebetstradition verwurzelt» (H. Stirnimann 1979, S. 285). Aber das Bruder-Klaus-Gebet überragt die bekannten Vorbilder sowohl bezüglich seiner Knappheit wie bezüglich seiner Gedankentiefe und innerlichen Aussagekraft.

Anregungen zur Meditation: «Nimm» und «gib» ist nach Spichtig-Nann dynamisch zu empfinden und atmungstechnisch zu nützen. – Das gehäufte persönliche «mein, mich, mir» hat nichts mit Egozentrik zu tun, sondern mit religiöser Selbstwerdung, die durch Elemente des Verzichtes gemeinschaftsfähig wird. Sowohl beim «Nehmen» wie beim «Geben» ist Gott der Handelnde. Es hat einen biblischen Hintergrund (Ijob 1,21; Jak 1,17; Apg 20,35). Die Frucht der Entäußerung als «Leerwerden für Gott» (Teresa von Avila) ist bezeugt in Mk 8,35, Mt 10,39, Joh 12,24.

Im Gegensatz zur ursprünglichen Form umschließt die eingebürgerte Form II das System des dreifachen Weges zur Vollkommenheit. Da alles Sündhafte, Gemeinschaftsstörende, Verbitterte gehindert und alles Kraft und Wachstum des inneren Menschen Fördernde, wie Glaube, Hoffnung und Liebe, Freude und Bereitschaft, gemehrt werden soll, ist dieses Gebet auch eine Kurzformel der im Medaillonkranz dargestellten Vorgänge: Geordnete, dankbare Annahme und Verwaltung der Schöpfung, Absage an die Sünde, Annahme und Einbettung in den Willen Gottes, Aufbruch auf den Weg zu Gott, Gemeinschaft mit der Entäußerung Christi in seinem Leiden und Sterben, Eingliederung in das kirchliche Leben (mit ihrem Höhepunkt eucharistischer Gemeinschaft) und Hineinwachsen unseres vergöttlichten Menschseins in die dreieinige Familiarität Gottes.

Zeittafel

1291	Entstehung der Schweizer Eidgenossenschaft: Die drei Waldorte Uri, Schwyz und Unterwalden schließen im August einen ewigen Bund.
1386	Nach der Schlacht bei Sempach am 9. Juli erkennt Österreich 1389 im Frieden mit den eidgenössischen «Acht Orten» ihre Unabhängigkeit vom habsburgischen Territiorialstaat an.
1417	Im Flühli ob Sachseln geboren, Taufe in Kerns, weil Sachseln von 1415 an 30 Jahre lang keinen Pfarrer hatte.
1445/46	Bau des eigenen Hauses in Flüeli.
1446	Verheiratung mit Dorothea Wyss, die fünf Jungen und fünf Mädchen zur Welt bringt.
1457	Erste erhalten gebliebene Namensnennung von Niklaus als Vertrauensmann der Kirchgenossen (Zeugen- und Ratslisten fehlen zwischen 1442–67).
1459	Richterfunktion als Kirchgemeindevorsteher und Landrichter nachgewiesen.
1462	Tagsatzungsabgeordneter. Mindestens von da an Mitglied des Kleinen Rates von Obwalden.
1465	Rücktritt als Landrichter wegen ungerechter Kollegialurteile.
1465/67	Ringen mit Dorothea um den neuen Lebensstand.
1467	16. Oktober (Gallustag) Abschied von der Familie mit dem Ziel, als Wallfahrer und Eremit zu den Gottesfreunden ins Elsass zu gehen.
1467	Auf dem Weg im Baselbiet von einem unbekannten Bauern zurückgeschickt. Erfahrung

einer schmerzhaften nächtlichen Lichterscheinung. Beginn seines Totalfastens.

1467 Nach verborgenem Aufenthalt auf einer eigenen Alp ob dem Melchthal seit dem Spätherbst im Ranfttobel, nahe seinem ehemaligen Wohnhaus.

1468 Die Mitbürger bauen ihm trotz vorsichtigem Protest seiner Verwandten eine bescheidene Klause.

1469 Nach staatlichen Kontrollen läßt Bischof Hermann von Konstanz durch seinen Weihbischof das Wunderfasten kontrollieren und bestätigen. Auch Fachleute von Fürstenhöfen stellen die absolute Gewißheit fest.

1469 Selbstzeugnis über seinen Werdegang vor einem Predigermönch.

1473 Großer politischer Einfluß beim Zustandekommen der Ewigen Richtung mit Österreich.

1474 Der norddeutsche Pilger und Kaufmann Hans von Waldheim besucht und schildert das Milieu vom Ranft auf frühe und besonders eindrückliche Weise, nicht zuletzt im Hinblick auf seine Frau Dorothea.

1477 Karl der Kühne von Burgund wird auf dem Marsch gegen Bern bei Grandson und bei Murten geschlagen und fällt am 5. Januar vor Nancy gegen die Übermacht eidgenössischer, elsässischer und lothringischer Truppen. Der Burgunderkrieg ist der letzte, den die Eidgenossenschaft geführt hat.

1481 22. Dezember Friedensvermittlung durch den Eremiten in der unlösbar scheinenden Bürgerkriegsgefahr an der Tagsatzung in Stans. Bruder Klaus schreibt politische Briefe:

1482 An den Rat der Städte Konstanz und Bern – und wird als Asket und Beter, Mystiker und Visionär zum Ratgeber für viele.

1487 Bruder Klaus stirbt am 21. März im Ranft nach einwöchiger schmerzhafter Krankheit. Erste literarische Zeugnisse über Bruder Klaus (Mitteilung eines Anonymus aus Burgdorf, Pilgertraktat).

1502 Publikation der ersten offiziellen Biographie durch den Chorherrn und Lateinlehrer Wölflin (Lupulus) des Vinzenzstiftes Bern auf Lateinisch.

1669 Beatificato aequipollens (kirchliche Anerkennung oder Duldung althergebrachter Verehrung als Seliger).

1934 Nach verschiedenen Umbettungen Neufassung der Gebeine in einem sichtbaren silbernen Altarschrein in der Pfarrkirche Sachseln.

1947 Bruder Klaus wird durch Papst Pius XII. heilig gesprochen (Festtag: 25. September).

Bibliographische Hinweise

QUELLENSCHRIFTEN

a) Einzelquellen

AB *Caspar Ambuels Visionsberichte* scheinen ihrer Unmittelbarkeit wegen auf direkte familiäre Mitteilung des Bruders Klaus zurückzugehen. Eine seiner Töchter hatte einen Am Buel aus Engelberg geheiratet. Die undatierte Handschrift wurde Anfang der 20er Jahre unseres Jahrhunderts im Anhang einer deutschen Inkunabel im Kapuzinerkloster Wesemlin in Luzern durch Pater Dr. Adalbert Wagner gefunden. (Festschrift Robert Durrer/60. Geburtstag, Stans 1928, S. 326–38).

BN *Albrecht von Bonstetten*, Dekan des Stiftes Einsiedeln, verfaßt 1478 nach Waldheim als Humanist den 2. Bericht über Bruder Klaus, den wir kennen. Er bleibt stark im Literarischen stecken, da seine Absicht von Anfang an auf Publikation ausgeht (Bonstetten stand in regem Kontakt mit Gelehrten, Diplomaten, Fürsten und Königen). Er schreibt das Original in Latein nach seinem Besuch bei Bruder Klaus. Inhaltlich decken sich seine Ausführungen überraschend mit dem früheren Bericht Waldheims (D I 79 f.).

BJ Der Bericht des *Burgdorfer Jünglings*, der kurz nach dem Tod des Bruders Klaus 1487 niedergelegt wurde, geht nach Durrer auf einen Besuch ca. 1482 zurück. Die Anonymität könnte auf das Kartäuserkloster Basel verweisen. Der Bericht beleuchtet das positive Verhältnis des dem Dominikanergeist zugewandten Bruders Klaus gegenüber Kartäusern und Franziskanern (DI 407).

DS Die *Diebold-Schilling*-Notiz von 1507 geht auf eine Jugenderinnerung des Verfassers der prächtigen Chroniken von Luzern und Spiez zurück. Er war als Gehilfe seines Vaters an der Tagsatzung in Stans gewesen. Da sein Vater ein in Luzern eingebürgerter Solothurner war, berührte ihn die glückliche Lösung des Stanser Verkommnis besonders. Als Geschichtsschreiber ist Diebold Schilling trotz Flüchtigkeiten und Verwechslungen ob der Fülle des gebotenen Stoffes und der herrlichen Illustrationen seiner Werke bedeutend. (D I 596).

EI *Johann Joachim Eichhorn* hat mit seiner Vita 1607 alle folgende Bruder-Klaus-Arbeit maßgeblich bestimmt. 1600 erstmals in den Ranft gekommen, hat der deutsche Konvertit, zu Einsiedeln in die katholische Kirche aufgenommen, nach langem Hin und Her mit verschiedenen Romaufenthalten, von 1618–56 im Ranft als Kaplan gewirkt. Er begann seine wissenschaftliche Tätigkeit durch einen Kommentar zu WOE. Freie Bearbeitungen folgten bis zu seiner lateinischen Vita für den Diözesanbischof. Er erschloß dazu verschiedene urkundliche Quellen. Durch die sorgfältige Beschaffung historischen Materials gewinnt er eine Autorität als Grundlagenforscher, auf den Petrus Hug(o) noch zu Lebzeiten zurückgreift, dessen Werk 11 Auflagen erlebt (D II 968–84).

GU *Heinrich von Gundelfingen,* Frühhumanist, o. Professor Artium an der Universität Freiburg i. B., verfaßte 1488 die erste eigentliche Bruder-Klaus-Biographie, in lateinischer Sprache. Er ist nicht zuletzt wegen seiner klaren Aussagen zum Visionsbild bedeutsam. Nach 20jähriger Anwartschaft zum Chorherrn von Beromünster gewählt, nimmt er nicht Residenz, scheint kränklich u. stirbt früh. Er stützt sich auf eigene Wahrnehmung, zeigt sich allgemein wohl unterrichtet, schreibt verständlich, wenn auch etwas geziert und kompilatorisch. Das Original entdeckt Pater Thomas Käppeli 1932 in Bologna. Gundelfingen verfaßt auch ein Bruder-Klaus-Offizium für den liturgischen Gebrauch (D I 418–23).

HA Die Hirsauer Annalen des Abtes *Johannes Trithemius* (1460–1516) geben nebst jenen der Spanheimer Chronik bes. mit Eintragungen unter 1486/87 Kenntnis von der Beschäftigung des bedeutenden Gelehrten und Reformabtes mit Bruder Klaus, den er auch besucht hat. Trithemius besitzt ein staunenswert breites Wissen und verfügt über reichhaltige bibliographische Kenntnisse, einen illustren Freundeskreis und einen Kreis hoher Herren, die seinen Ratschlag suchen (D I 346–353).

KI Das *Sachsler Kirchenbuch,* datiert von 1488, ist ein Protokoll, das im Jahr nach Bruder Klausens Tod aufgenommen wurde zur Vorbereitung der Heiligsprechung. Den Zeugnissen fehlen Unterschrift und Beglaubigung, so daß sie keine Rechtsgültigkeit haben. Doch sind sie von unschätzbarem Wert, weil sie nächste Bekannte, teils vorgerückten Alters aufführen. Als Schreiber des Grundstockes nennt Eichhorn einen Mann aus Nürnberg, was nahelegt, daß der Pilger Ulrich aus Nürnberg, der Bruder Klausens Tod miterlebte, der Begründer des Sachsler Kirchenbuches sein könnte (vgl. D I 459).

PI Der *Pilgertraktat*, um 1487 und 88 mit Holzschnitten versehen in Augsburg und Nürnberg gedruckt, ist das älteste Druckwerk über Bruder Klaus. Es besteht aus 15 Blättern und zerfällt in zwei Hälften. Im ersten Teil stellt ein Pilger fünf Fragen an Bruder Klaus und läßt sich Antwort geben über die Liebe Gottes, über Mariens Empfängnis, über das tägliche Brot, über eine Meditationsdarstellung des Bruders Klaus (Raddarstellung) und schließlich über die Pestilenz. Der zweite Teil bietet eine etwas breitere Auslegung der Barmherzigkeitssymbole auf dem Radbild mit nur wenigen Hinweisen auf Bruder Klaus. Die Vertrautheit läßt auf den Pilger Ulrich als Autor schließen.

RE In die Bruder-Klaus-Biographie des Ulrich Witwylers sind erstmals die *Reimsprüche des Bruders Klaus* aufgeführt, die auch im Gebetbuch des Petrus Canisius zu finden sind, das sich nach Witwyler im Besitz von Ritter Melchior Lussy fand. Schon 1488 hatte *Gundelfingen* angedeutet, daß er die Leute «durch andere gesunde und heilsame Zusprüche lehrte, Gott zu fürchten und seine Gebote zu halten, sich auf die Predigten der Priester zu stützen ... indem er durch prächtige und zierliche Parabeln, Metaphern und Gleichnisse jene Lehre bewies, bekräftigte und beleuchtete ...» Zwar geht es um «Binsenwahrheiten» (Durrer), die aber doch grundlegend bleiben. Vermutlich sind die Einzelsprüche gesammelt und von anderer Seite aneinandergereiht und in Reime gesetzt worden. Mir persönlich scheinen Textvergleiche mit dem Pilgertraktat den Pilger Ulrich als Mitgestalter vermuten zu lassen.

WA *Hans von Waldheim* (1422–77) machte als Mann des öffentlichen Lebens in seiner Vaterstadt Halle auf einer Pilgerreise nach Südfrankreich einen Abstecher in den Ranft. Seine Tagebucheindrücke von 1474 sind nicht nur die erste schriftliche Notiz über Bruder Klaus, sondern nach Durrer der weitaus interessanteste Bericht. Der Edelmann aus Norddeutschland «hatte die Augen für reale Erscheinungen offen und notierte alles, was ihn interessierte ... Die Unmittelbarkeit der Schilderung und die überraschende Präzision seiner beiläufigen Bemerkungen» ist erstaunlich. Die genaue Wiedergabe der Topographie der Ranftgegend kann als Hinweis auf die «Zuverlässigkeit der ganzen Berichterstattungen gewertet werden». Es ist beachtlich, wie alles mit den einheimischen Quellen übereinstimmt, obwohl der Bericht erst im 19. Jahrhundert entdeckt wurde (vgl. Durrer I 56–58).

WOE *Heinrich Wölflins* Lebensbeschreibung des Seligen erschien um 1501. Er war der hochgeachtete und weitherum bekannte Leiter der stark besuchten lateinischen Schule in Bern. Aus einer Berner Bürgerfamilie stammend, quittierte er den Schuldienst, nachdem auch Zwingli zu seinen Füßen gesessen, wurde Priester und zum Chorherrn des Vinzentiusstiftes am Berner Münster erkoren. Als solcher wallfahrtete er bis ins Heilige Land und spendete auch viel an die Kirchenzierde seines Stiftes. Seine Vita widmete er dem Bischof von Sitten, Matthäus Schinner, der beim Bau der unteren Ranftkapelle mit dabei war. Seine Materialsammlung gründet hauptsächlich auf dem Sachsler Kirchenbuch und geht vermutlich auf den Anfang der 90er Jahre zurück. Die ausgewogene und klare Darstellung ist im Auftrag der Obwaldner Regierung verfaßt. Die Originalhandschrift ging verloren, war aber noch die Grundlage der alten Bruder-Klaus-Literatur (Salat, Wittwyler etc). Durch Eichhorns gewissenhafte Abschrift blieb die Vita zuverlässig erhalten: Druckausgabe von 1608. «Lupulus» ging 1523 zur Reformation seines ehemaligen Schülers über.

WI *Ulrich Witwyler* aus Rorschach, Pfarrer, dann Dekan und Administrator des Stiftes Einsiedeln, später Abt, gab als Pfarrer 1571 ein Bruder-Klaus-Leben heraus. Es ist im Wesentlichen eine Bearbeitung der Vita des Hans Salat und ev. der deutschen des Bruder-Klaus-Kaplans Rhätus. Das an sich unbedeutende Werklein ist wegen seiner apologetischen Tendenz nach der Reformation ein bedeutendes Zeitdokument geworden.

SA *Hans Salat* aus Sursee schreibt seine Vita als Wortführer der altgesinnten Glaubenspartei. Zwischen 1536 und 38 schreibt er sein Bruder-Klaus-Leben, das hauptsächlich eine Übersetzung des noch ungedruckten WOE ist. Seine bisher spitze politische Feder mäßigt sich, und die nebenbei benutzten mündlichen Quellen stellen sich später als durchaus zuverlässig heraus. Nach einem Aufschwung zur Friedenspolitik verliert er den Halt, schwankt zwischen französischen Kriegsdiensten und Schulmeisterei, kehrt zur Heilkunst zurück und stirbt arm.

SR *Sebastian Rhätus* war Bruder-Klaus-Kaplan (von ca. 1520 bis spätestens 1547). Er schrieb für Interessenten Kirchenväter-, ev. auch Mystikertexte ab. 1521 verfaßte er die erste deutsche Biographie über Bruder Klaus, die von P. Thomas Käppeli OP in der Biblioteca Nazionale in Neapel 1949 als Handschrift wiederentdeckt wurde, die über die Bischofskurie von Konstanz an die römische Ritenkongregation gelangt war. Sebastian Rhätus hat Bruder Klaus kaum persönlich gekannt; seine Hauptquelle ist Wölflin, beiläufig benutzte er noch einige alte Dokumente. Es geht um einen «Auszug in freier Übertragung», und er arbeitete mehr als «frommer Hagiograph als ein forschender Biograph» (Rupert Amschwand). Die Bedeutung des Werkleins liegt nur darin, daß es das erste deutschsprachige Lebensbild war.

b) Eigentliche Quellenwerke

D *Durrer, Robert:* Bruder Klaus, 2 Bände, Urtext und Übersetzung, Sarnen 1917–1921.

NS *Nigg, Walter/Schamoni, Wilhelm:* Niklaus von Flüe, Düsseldorf 1962 (Heilige der ungeteilten Christenheit).
Ins Deutsche übersetzte, chronologisch geordnete Auswahltexte der ersten Zeit.
Neuausgabe: *Nigg, W.:* Niklaus von Flüe. In Berichten von Zeitgenossen, Olten 1980.

GR *Gröbli, Roland:* Die Sehnsucht nach dem «einig Wesen». Leben und Lehre des Bruders Klaus von Flüe, Zürich, Universitätsdiss. 1990.

Literaturverzeichnis

a) Quellenwerke

R. Durrer: Bruder Klaus, 2 Bände, Sarnen 1917–21.

W. Nigg: Niklaus von Flüe, in Berichten von Zeitgenossen, Olten u. Freiburg i. B. 1980.

Ders.: Niklaus von Flüe (Heilige der ungeteilten Christenheit, dargestellt von den Zeugen ihres Lebens, Hrsg.: W. Nigg/W. Schamoni), Düsseldorf 1962 (Neuausgabe 1980 mit neuer Einleitung).

b) Lebensbilder

E. Bohnenblust: Niklaus von Flüe, ein Lebensbild, Zürich 1945.

J. Hemleben: Niklaus von Flüe, Frauenfeld 1977.

Ch. Journet: Saint Nicolas de Flue, Neuchâtel/Paris 1947.

G. Kranz: Kurzbiographie, in: Politische Heilige 1, Augsburg 1958, S. 25–149.

K. Vokinger: Bruder-Klausen-Buch, Stans 1936.

Ders.: Bruder Klaus, sein Leben, Stans 1947.

c) Einzelstudien

I. Bettschat und A. Guillet: Das große Gebet der Eidgenossen, Einsiedeln 1937/Stein a. Rh. 1973.

M. L. von Franz: Visionen des Niklaus von Flüe (Studien aus dem C. G. Jung-Institut Zürich IX), Zürich und Stuttgart 1959.

G. Th. Hegglin: Das Visionsbild des hl. Niklaus v. Flüe, dessen Geschichte und Deutung, Luzern 1951.

W. T. Huber: Dorothea, die Ehefrau des hl. Niklaus v. Flüe. Quellenmaterial aus dem 15. Jh., Freiburg (CH) 1994.

A. Keel: Bruder Klaus heute. Meditationen zu seinen Reimsprüchen (Zusammenstellung), Solothurn 1972.

Ders: Dorothea, Bruder Klausens Frau, Freiburg (CH) 1991, 3. Auflage 1997.

Ders: Ein nicht alltägliches Ehepaar, Freiburg (CH) 1995.

B. Lavaud: Vie profonde de Nicolas de Flue, Fribourg 1942.

Kl. Obermüller: Ganz nah und weit weg. Fragen an Dorothee, die Frau des Niklaus von Flüe. Luzern und Stuttgart 1982. Szenenfolge mit Holzschnitten von Robert Wyss.

W. Oehl: Bruder Klaus und die deutsche Mystik, in: Zeitschr. f. Schweiz. Kirchengeschichte (1917).

A. Rosenberg: Die christliche Bildmeditation, München 1955.

M. Spichtig-Nann: Weg nach innen. Auf den Spuren eines Meisters der Meditation: Bruder Klaus (Unterrichtsreihe «Modelle»), Olten 1976.
H. Stirnimann: Bruder Klausens Glaubensrede, in: Freiburger Zeitschr. f. Philosophie und Theologie (1976), S. 393–429.
Ders.: Bruder Klausens «gewonlich bet», ebd. (1979), S. 269–335.
A. Stöckli: Die Visionen des seligen Bruder Klaus, Einsiedeln 1955.
A. Wagner: Ein Beitrag zur Bruder-Klausen-Forschung, in: Robert Durrer (zum 60. Lebensjahr), Stans 1928, S. 1326–338 (Fund der 3 Visionen der Caspar Am Buel Handschrift).
K. H. Zeiss und S. Walter: Gesicht im Goldkreis. Bildmeditation mit Bruder Klaus, Freiburg i. B. 1980.

d) Bildbände

J. H. Hess: Das Buch vom Bruder Klaus (mit Texten von H. Federer, R. Durrer und J. H. Hess), Basel 1942.
A. Majonnier und P. Hilber: Niklaus von Flüe, Zürich 1942.
W. Nigg und T. Schneider: Niklaus von Flüe, Freiburg i. B. 1976.